Essais sur le Bénin

Edité par:

Dallys-Tom Medali

Ecrivain et Expert-Comptable à New York

Président du Think Tank Bénin du Futur

Édition et Compilation:

Médali Dallys-Tom

Auteurs Contributeurs:

Dimigou Mireille

Fagbohoun Réthices

Houndjo Donald

Houngbé Luc Spéro

Médali Dallys-Tom

Tokpo Ida Léocadie

Tossou A. Dagbégnon

Correcteurs:

Dimigou Mireille

Fagbohoun Réthices

Médali Altier Méode

Médali Dallys-Tom

Publication:

Solara Editions

ESSAIS SUR LE BENIN

ISBN: 978-1-947838-12-3

###

###

###

Solara Editions
New York, Paris, Cotonou

###

Couverture Design: Dallys-Tom Medali
Image: Logo du Think Tank Benin du Futur

###

Contributions

Medali Dallys-Tom

+ Cadre général pour le contenu de l'éducation nationale au Bénin (Medali, Septembre 2017)

+ Programme de gouvernance pour le développement du Bénin (Medali, Juin 2016)

+ Généralités sur la fraude financière et les arnaques (Medali, Novembre 2017)

+ Le besoin en transfert de technologies au Bénin (Medali, Octobre 2017)

+ Sur la situation en Lybie et la migration clandestine (Medali, Novembre 2017)

+ Opportunités dans le tourisme religieux (Medali, Avril 2018)

+ Agriculture et Commerce en Allemagne (Medali, Décembre 2017)

+ Note pédagogique sur la sécurité et la défense en Suisse (Medali, Novembre 2017)

Fagbohoun Rethices

+ Pourquoi devons nous valoriser nos traditions, nous y ressourcer et en être fiers? (Fagbohoun, Avril 2018)

+ L'intelligence artificielle va t-elle bouleverser les modes d'acquisition de la connaissance et d'apprentissage? (Fagbohoun, Avril 2018)

+ Structure et Organisation de l'État béninois (Fagbohoun, Juin 2017)

+ L'intelligence artificielle: panacée ou menace? (Fagbohoun, Avril 2018)

+ Les TIC au service du développement (Fagbohoun, Septembre 2017)

+ Note pédagogique sur la politique et la gouvernance en Allemagne (Fagbohoun, Décembre 2017)

+ La Suisse, un modèle de démocratie directe (Fagbohoun, Novembre 2017)

Dimigou Mireille

+ Chronique sur la préfecture du littoral (Dimigou, Septembre 2017)

+ Réflexions sur la vente illicite des produits pétroliers (Dimigou, Septembre 2017)

+ Santé et Services sociaux en Suède (Dimigou, Janvier 2018)

+ Le système sanitaire Suisse (Dimigou, Novembre 2017)

+ Santé et Services sociaux en Allemagne (Dimigou, Décembre 2017)

Houndjo Donald

+ Place du carburant nigérian dans le réservoir socio-économique béninois (Houndjo, Septembre 2017)

+ Note pédagogique sur le pétrole brut (Houndjo, Septembre 2017)

+ Note pédagogique sur la production d'énergie électrique en Suisse (Houndjo, Novembre 2017)

+ Note pédagogique sur l'énergie électrique en Allemagne (Houndjo, Décembre 2017)

Tossou Armand

+ Pour ou contre la sortie du franc CFA? Les vraies questions que nous devrions nous poser (Tossou, Octobre 2017)

+ Note pédagogique sur l'économie et les infrastructures en Allemagne (Tossou, Décembre 2017)

+ Note pédagogique sur l'économie et la finance en Suisse (Tossou, Novembre 2017)

Tokpo Ida

+ Aperçu historique sur l'Éducation nationale au Bénin (Tokpo, Septembre 2015)

+ Organisation institutionnelle de l'éducation au Bénin (Tokpo, Septembre 2015)

+ Le Plan Décennal de Développement du Secteur de l'Éducation, un plan sur 10 ans (Tokpo, Septembre 2015)

Houngbé Spéro

+ Le protectionnisme, une solution pour les producteurs locaux? (Houngbe, Octobre 2017)

+ Le système éducatif Suisse (Houngbe, Nov. 2017)

Introduction sur Bénin du Futur (BDF)

Bénin du futur est une institution de référence dans l'animation de recherches et la conduite d'études destinées à éclairer les gouvernants, les milieux d'affaires et les citoyens sur les grands enjeux de développement du Bénin.

Nous sommes un think tank indépendant ayant pour objectif de rechercher, analyser et disséminer les questions d'importance stratégique pour le développement du Bénin et l'épanouissement de ses citoyens. Nos centres d'intérêt principaux sont: l'éducation, la gouvernance et le développement ainsi que l'énergie et les infrastructures.

Notre mission se décline sous trois axes: analyser, proposer et sensibiliser.

Analyser: L'analyse de l'environnement des affaires au niveau national, sous-régional et international, afin de sensibiliser les opérateurs économiques sur les mutations sociologiques et économiques pouvant les aider à ajuster leur positionnement stratégique.

Proposer: La formulation de propositions concrètes en matière de gouvernance publique peut prendre la forme de rapports détaillés, de projet de lois ou de mémos adressés directement aux gouvernants pour aider à la prise de décision.

Sensibiliser: La sensibilisation des masses sur les défis communs à relever et la mise à disposition d'informations pertinentes et impartiales, afin qu'ils puissent jouer en toute connaissance de cause leur rôle de citoyen, notamment lors des joutes électorales.

Articles et essais sur l'Éducation

Proposition d'un cadre général pour le contenu de l'éducation nationale au Bénin

Dallys Medali, Juin 2016

Si l'éducation est véritablement « l'arme la plus puissante pour changer le monde » comme disait Nelson Mandela, elle doit être au centre de tout programme national de développement. La plupart des acteurs politiques du Bénin et du reste du monde acceptent ce point. Mais pour que l'éducation passe d'un idéal théorique à une priorité quotidienne de tous les citoyens et architectes du développement, il faut lui donner des objectifs concrets et un contenu cohérent que chacun peut apprécier, intérioriser et utiliser.

Trois Objectifs Principaux:
- Bien être de l'individu (physique, mental, spirituel et social)
- Bien être de la communauté (famille, village, quartier, ville, pays, continent, monde)
- Bien être de la planète (environnement, faune, flore, terre, univers)

Bien être de l'individu

La préoccupation centrale de tout individu est sa survie et son épanouissement personnel. Ceci est vrai non seulement pour les hommes mais aussi pour tous les organismes biologiques. Le sujet étant le principal acteur de son éducation personnelle, il est important qu'il y retrouve la congruence de ses intérêts. L'objectif est de conférer à l'individu, en tant qu'élément d'une société devenue complexe, les rudiments pour comprendre les codes et les signes nécessaires pour interagir avec ses semblables. Le bien-être dont il s'agit s'entend de cette aptitude acquise par le biais de l'éducation familiale couplée avec l'instruction reçue dans un centre de formation. L'orientation de la pédagogie scolaire doit être axée avant tout sur la satisfaction de cet intérêt personnel vital, de façon à susciter chez l'individu la volonté d'aller au-delà.

Il est donc convenable de retenir le bien être de l'individu comme le premier objectif de l'éducation au Bénin.

Bien être de la communauté

« L'homme est un animal social. » Le fameux philosophe grec Aristote fut le premier à l'énoncer. Cela implique que dans la plupart des situations, le bonheur de l'individu dépend et se conjugue avec celui de ses pairs. Depuis les temps préhistoriques, les hommes se sont organisés et ont évolué en groupes. La première unité sociale est le noyau familial. Ensuite nous identifions le hameau, village ou quartier de ville, la ville ou commune, le département, la région, le pays, le continent et l'entièreté de la race humaine.

Par ailleurs, plus une communauté est éduquée, mieux elle parvient à trouver les solutions aux problèmes qui se posent à elle. En conséquence, mieux elle se porte. A l'image d'un élément dans un système, l'individu se détermine et s'identifie par rapport à une communauté, les deux s'influençant mutuellement. L'individu que la communauté produit et entretient, se doit de prendre sa part dans la conservation de ladite communauté, d'abord pour son propre bien du moment où il en fait toujours partie, et pour le bien des autres et des générations futures (y compris sa propre progéniture). L'instinct de conservation élevé à l'échelle de la communauté devrait permettre de se bâtir par affinité et par solidarité, un destin commun afin de triompher de la rudesse de la nature et de la convoitise des autres communautés.

L'éducation au Bénin devrait s'atteler à mettre en perspective ce devoir patriotique de façon à replacer l'intérêt de la communauté au piédestal qui lui est dû. Le deuxième objectif de l'éducation au Bénin devrait donc être le bien être de la communauté.

Bien être de la planète

Que nous soyons seuls ou en groupe, nous vivons dans un milieu ou environnement. Nous dépendons et interagissons avec les autres composantes de notre écosystème. L'air que nous respirons, l'eau vitale et nos autres sources de nutriment et d'énergie viennent de la nature. La terre elle-même fait partie d'un ensemble de planètes appartenant à l'une des innombrables galaxies constituant notre univers. Il est essentiel pour tout membre de la société d'avoir une certaine compréhension de cet environnement, de son passé et de ses perspectives, afin de l'exploiter intelligemment et de le sauvegarder pour les futures générations. Le troisième et dernier objectif de l'éducation au Bénin devrait donc être le bien être de la planète.

Cadre général

Chacun des trois objectifs ici présentés sera atteint à travers l'exploration de modules éducatifs holistiques et pertinents. Cette exploration comme l'éducation elle-même, est le processus d'une vie. Elle commence à la naissance et dure toute la vie. C'est à dire qu'elle va bien au-delà de l'enseignement formel reçu dans les écoles et autres centres de formation. En effet, il y a une confusion habituelle entre l'éducation et l'instruction. Il faudra clarifier les deux pour éviter de confier aux centres de formation des responsabilités plus lourdes que celles qu'ils sont capables de supporter. L'exemple des pays scandinaves est édifiant à ce propos. Il faudra repenser complètement le système éducatif tel qu'il est organisé aujourd'hui au Bénin.

Au bout d'une analyse approfondie, on peut déterminer que toutes les facettes du savoir, du savoir-faire et du savoir-être peuvent être regroupés en dix modules :

1. Le Corps et la Santé (CS)
2. Les Langages et la Communication (LC)
3. Les Mathématiques et autres Sciences Formelles (MSF)
4. La Création de Richesse (CR)
5. Les Sciences de la Nature (SN)
6. Les Sciences Humaines et Sociales (SHS)
7. Les Arts et la Culture (AC)
8. Les Activités Physiques (AP)
9. Les Vertus, les Normes et le Service (VNS)
10. Les Projets Personnels (PP)

Ces dix éléments peuvent servir de cadre au contenu des programmes de l'enseignement maternel, de l'enseignement primaire, de l'enseignement secondaire, de l'enseignement professionnel, de l'enseignement universitaire, mais aussi de l'éducation informelle qui précède et succède la vie sur les bancs.

Toutefois, le challenge en matière d'éducation est qu'il est très difficile de maintenir la généralisation des modules d'enseignement si on tient à rester efficace au vu de l'évolution du monde. En effet, on se rappelle que l'unicité des champs de connaissances au début des "lumières" a fait place à l'approche réductionniste compte tenu de la limitation des capacités mnémoniques des êtres humains. Les pères du cartésianisme ont en effet estimé que la spécialisation des savants dans chaque discipline était la clé pour approfondir les connaissances et nous permettre de mieux comprendre le monde.

Il est vrai qu'en faisant fi des interrelations évidentes des différents domaines de connaissances, nous avons créé aujourd'hui des déséquilibres dans la nature (tels la détérioration de la couche d'ozone) que nous tentons de corriger depuis quelques décennies seulement.

Mais la question reste aujourd'hui d'actualité, à savoir que dans un monde où nous accumulons sans cesse des connaissances nouvelles et que nous sommes obligés de faire de très longues études, même au sein des spécialités (près de 20 ans pour être médecin spécialiste) pour approcher l'acceptable, on ne peut se permettre de renoncer à l'exacerbation des spécialisations.

Le défi aujourd'hui est de se demander comment nous devons préparer les futures générations à appréhender le monde qui leur sera légué. Il semble regrettable mais obligatoire de limiter la part de connaissances générales pour insister sur les spécialisations afin de réduire le temps des études et de rentabiliser les investissements dans le secteur éducatif.

Aperçu historique sur l'éducation nationale au Bénin

Ida Tokpo, Septembre 2015

Depuis son accession à l'indépendance en 1960, le Bénin a fait du secteur de l'Éducation une priorité nationale. Mais le cadre institutionnel de l'Éducation a varié au gré des changements politiques. Le Plan Décennal de Développement du Secteur de l'Éducation (PDDSE) couvrant la période 2006-2015 a achevé sa 2ème phase en 2011. Avant d'initier la 3ème phase 2012-2015, une évaluation à mi-parcours initiée par les autorités a constaté, une formidable augmentation des taux de scolarisation qui malheureusement ne s'est pas accompagnée d'une amélioration de la qualité de l'éducation.

En conséquence, l'État s'est engagé à œuvrer à l'avènement d'une éducation de base de qualité pour tous, sans exclusion ni discrimination aucune, se donnant comme échéance l'année 2015, pour atteindre les six objectifs de l'Éducation Pour Tous.

Financement de l'éducation au Bénin

L'éducation est une priorité pour le gouvernement du Bénin ce qui justifie les efforts consentis pour apporter au titre de l'année 2012 ; 25,8% de son budget pour ce secteur.

Le document de référence en matière d'éducation au Bénin : Le Plan décennal de Développement du Secteur de l'Éducation coûte globalement 643 milliards de francs CFA. Après toutes les simulations possibles, un gap de 59 milliards de francs CFA reste à mobiliser soit 9,13%.En dehors du budget national, une contribution extérieure de 17 milliards est annoncée et le Partenariat Mondial pour l'Éducation vient d'accorder un montant de 21 milliards au Bénin soit 34% du gap.

Pourcentage du budget de l'éducation par rapport au budget national

Budget 2007: 18,6% /

Budget 2008: 25,5% /

Budget 2009: 17,2% /

Budget 2010: 15,6% /

Budget 2011: 23,3% /

Budget 2012: 25,8% /

Budget Cible 2015: 23,6%

La cible de 2015 a été déjà dépassée en 2012, mais notons que 53% de ce budget est consacré au paiement des salaires des agents du secteur de l'éducation un pourcentage qui est supérieur à la moyenne de la région Afrique.

Statistiques sur l'éducation au Bénin

Les taux de scolarisation de la maternelle, du primaire, du secondaire, du professionnel et du supérieur en 2012 se présentent comme suit:

Maternelle (Public et privé)

- Taux de pré-scolarisation : 11,9%

Primaire (Public et privé)

- Taux brut de scolarisation : 119,7% dont 116,8% pour les filles
- Taux net de scolarisation : 97%
- Taux d'achèvement du primaire : 71,5 %dont 65,8% pour les filles
- Taux de redoublement : 11,6%

- Ratio élève/maître : 48 ,3
- Pourcentage d'enseignants qualifiés dans le primaire public : 75,3%

Note : Le taux de scolarisation est obtenu en divisant le nombre d'enfants en âge de scolarisation dans une catégorie par le nombre d'enfants effectivement scolarisés. Le taux supérieur à 100% est dû au fait donc au fait qu'un certain nombre d'enfants commencent leur scolarisation plus tôt que la norme.

Secondaire (Public et privé)

- Taux de transition CM2-6ème : 92%
- Taux de transition 3ème - Seconde 64%
- Pourcentage d'élèves filles (public) au 1er cycle : 42%
- Pourcentage d'élèves filles (public) au 2nd cycle : 31%
- Pourcentage d'heures couvertes par les APE et contractuels de l'état :
  - 1er cycle 48%
  - 2nd cycle 41%

Enseignement technique et professionnel (Public et privé)

Pourcentage d'élèves filles dans l'ETFP : 37%

Supérieur (Public et privé)

- Nombre d'étudiants : 79 839
- Pourcentage d'étudiants inscrits dans les filières professionnelles : 17,1%

- Pourcentage d'enseignants de rang A (prof et maître de conférences) : 21 ,7%
- Ratio étudiants/enseignants : 68,5%

Références :

- Cadre commun d'appréciation des performances (AFC et ABC) 2012

- Revue du secteur de l'éducation édition 2013.

L'administration du système éducatif béninois a varié au rythme des changements politiques du pays. Jusqu'à l'avènement de la Réforme de 1975, un seul ministère, le Ministère de l'Éducation Nationale, de la Culture, de la Jeunesse et des Sports s'occupait du secteur. De 1975 à la Conférence Nationale des Forces Vives de la Nation (février 1990), quatre ministères se sont partagés la tutelle du système éducatif qui a mis en place un modèle de développement socialiste. Avec les contestations à la fois politiques et institutionnelles de 1990, le Bénin est revenu à un Ministère de l'Éducation Nationale et de la Recherche Scientifique, la culture et l'alphabétisation étant relogées dans un autre ministère. Depuis 2001, l'Éducation est placée sous la tutelle de quatre ministères qui aujourd'hui (en 2015) sont :

- le Ministère des Enseignements Maternel et Primaire (MEMP) chargé des écoles maternelles et primaires ;
- le Ministère de l'Enseignement Secondaire, de la Formation Technique et Professionnelle, de la Reconversion et de l'Insertion des Jeunes (MESFTPRIJ) prenant en compte les collèges et les lycées d'enseignement général ainsi que les collèges et lycées techniques et professionnels, les centres de formation professionnelle et les centres des métiers ;
- le Ministère de l'Enseignement Supérieur et de la Recherche Scientifique (MESRS)dont relèvent les universités et tous les établissements d'enseignement supérieur (les Instituts Universitaires de Technologie et les établissements de formation au BTS et autres formations professionnelles) ;
- le Ministère de la Culture, de l'Artisanat, de l'Alphabétisation et du Tourisme (MCAAT) qui a notamment la charge de définir et de

gérer la politique d'alphabétisation et de l'éducation des adultes à travers des centres d'alphabétisation.

En dehors de ces ministères, d'autres départements ministériels assurent la tutelle administrative de quelques centres de formation spécifiques à leur vocation :

- le Ministère du Travail et de la Fonction Publique gère le Centre de Perfectionnement des Personnels des Entreprises (CPPE) ;
- le Ministère de l'Economie et des Finances gère l'Ecole de Formation des Cadres du Trésor (EFCT), l'Ecole de Formation des Cadres de l'Administration Centrale des Finances et l'Ecole de Formation des Cadres des Impôts ;
- le Ministère des Mines, de l'Energie et de l'Eau a sous sa tutelle, le Centre de Formation du Personnel de la Société Béninoise d'Energie Electrique.

Les opérateurs privés sont de plus en plus nombreux dans le secteur, grâce à la libéralisation commencée depuis la fin du régime marxiste (1989) et résolument poursuivie par l'État béninois. Toutefois, des dispositions réglementaires doivent être prises et respectées par les deux partenaires que sont l'État et les opérateurs privés pour contrôler le développement de ce type d'enseignement.

Il faut noter que la prise en charge du secteur par quatre ministères pose un vrai problème de coordination et d'efficience, relevé non seulement par l'évaluation à mi-parcours du PDDSE et l'audit institutionnel, mais par un grand nombre d'acteurs et de partenaires du système éducatif.

Le Plan Décennal de Développement du Secteur de l'Éducation, un plan sur 10 ans
Ida Tokpo, Septembre 2015

Qu'est ce que le PDDSE ?

Le PDDSE (Plan Décennal de Développement du Secteur de l'Éducation), est un outil de gestion synergique du système éducatif qui se veut un instrument de lutte contre l'ignorance, la pauvreté et les inégalités sociales. Il a suivi un processus participatif afin que ses options se concilient avec les attentes réelles des populations pour que tous les acteurs adhèrent et concourent véritablement à sa mise en œuvre. Il a pris en compte les questions fondamentales d'équité, de redoublement, de recrutement et de la formation des enseignants ainsi que du personnel administratif, de la scolarisation des filles, de la gestion et du pilotage de l'éducation dans une vision systémique et tout ceci, dans le respect d'un cadrage financier qui permet de soumettre avec succès un projet au Partenariat Mondial pour l'Éducation (PME).

Pourquoi un plan sur 10 ans pour l'éducation au Bénin ?

L'élaboration d'un Plan Décennal de Développement du Secteur de l'Éducation (PDDSE) au Bénin a permis de rompre avec le pilotage à vue qui a souvent caractérisé le système éducatif malgré les expériences plus ou moins heureuses de 1960 à 1990. Les États Généraux de l'Éducation, tenus en octobre 1990, ont certes défini une vision stratégique, traduite en plan d'action, mais les efforts n'avaient guère comblé les attentes ni des gouvernants, ni des acteurs et usagers de l'école béninoise.

Tenant compte des engagements pris par le Bénin au plan international, le PDDSE a planifié dans une vision holistique, le développement du secteur sur la décennie 2006-2015.

Le PDDSE s'inscrit dans une dynamique d'enrichissement et d'amélioration sans, bien évidemment, s'écarter des objectifs. Sa vulgarisation permanente va favoriser la fédération de tous les acteurs, aussi bien au niveau central que décentralisé, autour de sa mise en œuvre.

Le Bénin entend ainsi apporter sa modeste contribution à la construction d'un monde plus juste parce que mieux éduqué et parfaitement à l'abri de l'ignorance et de l'analphabétisme. Puisse tout béninois donner le meilleur de lui-même pour soutenir sa réalisation

Pourquoi une actualisation du Plan Décennal de Développement du Secteur de l'Éducation ?

L'actualisation du PDDSE a été jugée nécessaire suite au partage des recommandations issues de l'évaluation à mi-parcours du PDDSE ainsi que de l'audit institutionnel, organisationnel et fonctionnel du secteur de l'éducation. Ces deux études ont en effet soulevé de nombreux dysfonctionnements entravant la bonne marche du système.

Par ailleurs, diverses mesures de politiques éducatives ont été prises ces dernières années, avec des impacts implicites sur le fonctionnement du système et l'efficacité des services éducatifs offerts. C'est le cas notamment:

i) des mesures de gratuité des frais de scolarité dans les enseignements maternel et primaire, pour les filles des classes de

6ème et 5ème de l'enseignement secondaire général, et pour les étudiants non bénéficiaires d'allocations universitaires ; et

ii) du reversement des enseignants communautaires et contractuels locaux en agents contractuels de l'État, de la révision des statuts des enseignants du supérieur avec comme implication, l'augmentation des dépenses de personnel et son impact sur l'allocation.

Ces différentes mesures ayant eu de fortes conséquences sur l'accès, la qualité et les conditions d'enseignement, et également sur l'effort budgétaire global de l'État, une actualisation du PDDSE est devenue nécessaire.

Les enjeux de l'éducation au Bénin

Les enjeux éducatifs et de développement du Bénin tournent aujourd'hui autour des orientations du Plan Décennal de Développement du Secteur de l'Education. Ces orientations générales portent sur les axes suivants :

○ le renforcement du pilotage du système basé sur le développement des capacités de planification, de gestion, d'évaluation permanente du système et de programmation des recrutements ;
○ le renforcement de la qualité de l'enseignement;
○ l'amélioration de l'offre éducative;
○ la résorption des disparités entre genres et entre régions;
○ l'accroissement du rôle du secteur privé et de celui des communautés locales dans l'offre éducative qui sera recherché par la mise en place d'une politique de promotion adéquate;
○ l'amélioration du dialogue social avec les partenaires sociaux pour favoriser des années scolaires paisibles et laborieuses, garantie d'un temps scolaire propice pour une acquisition de connaissances et de compétences suffisantes.

Eu égard à tout ce qui précède, les partenaires Techniques et financiers du secteur de l'éducation doivent privilégier le développement et/ou le renforcement du partenariat public-privé avec confirmation des axes de travail ci-après : le développement du préscolaire en soutien à l'accès et au maintien universel au primaire, le développement des alternatives éducatives et la formation professionnelle pour une population cible diversifiée et la mobilisation sociale autour de l'accès, du maintien et de l'amélioration des apprentissages.

Pourquoi devrons nous valoriser nos traditions, nous y ressourcer et en être fiers?
Rethices Fagbohoun, Avril 2018

« Nos ancêtres n'ont rien apporté à l'humanité » ; « nos traditions n'ont servi à rien et sont totalement inutiles » ; « nous devrions tourner le dos à toutes les pratiques ancestrales » ; « certaines de nos valeurs sont obsolètes et hors de propos dans la modernité », et la liste se poursuit... Ce sont là des expressions qui sont devenues banales dans le quotidien d'un grand nombre d'africains parmi les plus instruits.

Obnubilés par la civilisation occidentale, pris au piège d'un système conquérant, éberlués par le conditionnement des savoirs d'outres-cieux, nombre d'intellectuels se croient investis d'une mission salvatrice au nom de laquelle ils devraient éclairer les « masses analphabètes » de leur "sagesse universelle". L'ironie de cette prétentieuse posture, c'est que près de 80 ans après les indépendances de nos pays, et en dépit de leurs laborieuses entreprises messianiques, force est de constater que la situation de nos pays ne s'est guère améliorée.

Alors que les pays comme la Chine ou le Corée du sud avaient le même niveau de développement que nous dans les années 1950, plusieurs décennies après, nous peinons à obtenir le dixième de leur productivité. Il n'est point besoin d'être un savant pour conclure que les thérapies qui ont été expérimentées toutes ces années ne sont pas à la hauteur des défis. Le mal n'est pas à rechercher seulement dans le manque de volonté politique, encore moins dans le niveau endémique des pratiques déviantes de la corruption. Il se trouve selon nous dans l'ignorance honteuse de nos intellectuels qui, non contents de méconnaître leur propre culture, histoire et potentialités, tentent vainement de mettre en œuvre des solutions pâles-copies de ce qu'ils ont vu ailleurs et qui ne sont en rien adaptées à nos réalités.

Dans tous les domaines qui régissent la vie dans la cité, des parodies d'institutions, de législations et d'organisation de la vie politique et sociale ont été instaurées sans considération aucune du macrocosme culturel et des spécificités sociologiques qui gouvernent les relations entre les individus. Poursuivant dans la droite ligne de l'héritage décevant qu'ont laissé les colons, tout exercice qui s'est apparenté à un simple jeu de chaise musicale entre les envahisseurs "méchants" et des intellectuels supposés "gentils" mais parlant le même langage que ceux qu'ils ont chassés.

A la vérité, aucune initiative de restauration des vraies valeurs et des principes fondateurs qui ont prévalu avant la mise sous tutelle de nos royaumes, n'a été envisagée. L'obsession à mimer les pratiques découvertes dans le nouveau monde a pris le pas sur la nécessaire démarche de retour aux sources pour bâtir les jeunes Nations sur la base de postulats endogènes particuliers. Les combats identitaires et nationalistes ont éclipsé les véritables travaux philosophiques qui devraient constituer les soubassements idéologiques des républiques naissantes. En reniant leurs traditions et en les cantonnant dans des rôles secondaires dans l'administration des pays, nos intellectuels ont commis des erreurs de lèse-ancêtres. A partir du moment où ils ont tourné le dos à leurs propres origines et qu'ils ont été conditionnés par le biais du système éducatif à mettre sur un certain piédestal les us et coutumes venus d'ailleurs, ils étaient tout aussi disposés à épouser, sans aucun esprit critique, les modes de vie et à adopter les formes de pensée des autres comme s'ils étaient les nôtres.

L'étendue de cette acculturation est aisément observable dans les références sur lesquelles se basent les idéologies qu'ils défendent. Alors que dans la plupart des grands pays, les politiques publiques et les idéologies dominantes sont le fait d'intellectuels nationaux fins connaisseurs des singularités locales, dans nos pays, les nôtres ont systématiquement adopté tous les modes de pensée qui leur ont été présentés comme universels, et les ont imposés à nos populations comme des sortes de panacées prescrites par les dieux. C'est du moins le spectacle affligeant qui s'est produit chez nous au Bénin lorsque quelques illuminés croyant bien faire leurs devoirs et se sentant armés d'un patriotisme à la limite du chauvinisme, nous ont imposé une idéologie d'outre-mer : le marxisme-léninisme.

Comme pour défendre un idéal divin, protéger les plus faibles, la révolution idéologique de 1974 s'est très tôt muée en une entreprise totalitaire comme cela a été le cas dans la plupart des Nations qui ont empruntés ce chemin. Même le grand Mao chinois ne manquait pas de dissuader, à mots couverts, les nouveaux dirigeants africains d'une application aveugle de la doctrine marxiste, lui qui avait d'ores et déjà engagé une politique éclairée et insidieuse pour s'extirper de la collectivisation en cours dans son pays.

Le crime de l'élite n'est pas tellement de s'être laissée emporter par la haine du colon en allant à l'encontre de leur idéologie dominante pour adopter celle de leur plus grand protagoniste, l'URSS. Leurs crimes, c'est de n'avoir pas su rechercher dans nos propres traditions, histoires et cultures, les fondements idéologiques susceptibles de nous mener à la prospérité sans se faire les apôtres d'une idéologie importée. Les errements totalitaires qui ont succédé à la période d'instabilité politique de l'après indépendance, n'ont finalement fait que retarder la marche vers le progrès que nous aurions pu réaliser en adoptant simplement le "Ghézoisme".

Contrairement à ce que s'imaginent la plupart des gens, la force de la pensée philosophique ne se retrouve pas seulement dans la littérature écrite. Elle peut être recherchée également dans les actes concrets que posent les individus et qui ne sont que la matérialisation de leur particularisme idéologique. Ghézo, roi du Dahomey qui régna pendant 40 ans au 19è siècle, taxé par les colons de barbare et sanguinaire, portait pourtant une idéologie. Tout au long de son règne et des interminables conquêtes, le fil conducteur a toujours été de magnifier le royaume, d'engranger d'énormes ressources grâce au commerce et de développer l'agriculture. La parabole de la jarre trouée que nous lui devons traduit à elle seule la pensée fondatrice qui devait continuer à être exploitée. Au-delà de quelques symboles et monuments, cette simple réflexion, rattachée à l'histoire du souverain pouvait servir de source d'inspiration pour les élites au lendemain de l'indépendance.

Malheureusement, les querelles d'égos et les bassesses régionalistes ont laissé peu de place à la mise en place d'une véritable dynamique de développement à partir de 1960. Trop occupés à se substituer aux colons et à trouver l'équilibre dans l'administration de la nouvelle république caractérisée par la grande diversité de ses peuples, les dirigeants ont finalement fait plus de politique que d'économie. Et alors même que le calme est revenu une dizaine d'années plus tard avec la prise de pouvoir de Kérékou, officier formé à l'école de guerre en France, le déracinement ne s'en est trouvé qu'exacerbé. En déclarant la guerre aux pratiques ancestrales et en faisant de la chasse aux sorcières une politique de modernisation du pays, le nouveau Chef a raté l'occasion de canaliser toutes les énergies existantes vers des desseins supérieurs de développement de la cité.

Notre conviction est que la méconnaissance et la diabolisation systématique de nos traditions traduit également une incapacité à conduire les peuples concernés vers la prospérité en les forçant à se défaire de leurs pratiques. Tout comme on ne peut décemment faire le bonheur d'une personne contre sa volonté, l'échec de ces "inquisitions" en dépit de la férocité des campagnes, nous donne raison. En effet, pour mauvaise que puisse être l'utilisation faite de certaines connaissances si intensément diffusées et appliqués, savoir les apprivoiser et les orienter avec tact et volupté vers des usages plus utiles, aurait été plus profitable pour tout le pays.

Le propos ici n'est pas de favoriser la diffusion de quelque pratique occulte, ni d'encourager les populations à adopter des pratiques qu'elles ont abandonnées de longue date et vers lesquelles elles ne sont pas disposées à retourner. Loin de nous une telle réflexion. La subtilité que nous tâchons de souligner est que bien souvent les connaissances utiles pour le développement sont imbriquées dans des pratiques pour lesquelles nous avons été conditionnés à marquer une répugnance sans appel. Les résidus de connaissances qui sommeillent, improductives, dans les rites cultuels dans nos contrées suffisent pour changer des paradigmes de développement de nos pays sans qu'il y ait besoin que nous allions recourir à des experts pour nous proposer des solutions non adaptées à nos conditions et à nos mentalités. Le seul défi est aujourd'hui de pouvoir mobiliser ces connaissances et les utiliser plus conséquemment pour l'intérêt supérieur de la Nation, sans que cela ne porte nul préjudice au principe de la laïcité. C'est du moins notre conviction...

L'intelligence artificielle va t-elle bouleverser nos modes d'acquisition de la connaissance et d'apprentissage?
Rethices Fagbohoun, Avril 2018

Dans un article précédent sur les objectifs de l'éducation, nous avions relevé qu'ils sont au nombre de trois à savoir : assurer le bien-être de l'apprenant, celui de la communauté et celui de la planète. Nous avons aussi mis en évidence la limitation des capacités mnémoniques de l'être humain comme un frein potentiel à l'acquisition illimitées de connaissances, et comme cause de l'hyper-spécialisation que l'on observe actuellement dans les domaines aussi bien professionnels qu'académiques. Mais si notre cerveau souffre d'évidentes difficultés de scalabilité, l'intelligence artificielle (IA) est partie pour une extension sans limite de ses capacités.

En effet, le rythme de développement des techniques de machine learning et de deep learning ces dernières années a permis de développer des usages particulièrement avant-gardistes de l'IA. De la reconnaissance d'objets et de visage, de la synthèse vocale, de la conduite autonome, d'analyse et de rédaction autonome, etc. Tous ces progrès augurent de lendemains prometteurs pour l'IA dont nombre d'experts prédisent que son avènement risque d'introduire des bouleversements jamais imaginés dans nos modes d'organisation sociétale et de production de richesse au cours des prochaines décennies.

Nous avons choisi dans le présent article de nous intéresser aux mutations attendues dans le secteur de l'éducation. Notre analyse débouchera sur des propositions pertinentes pour permettre au Bénin de s'arrimer au train du monde.

L'éducation est l'art de la transmission du savoir entre générations d'un pays ou d'une communauté organisée, visant à garantir sa conservation. Autrement dit, par l'éducation, les savoirs de la génération actuelle sont passés aux générations suivantes, ces dernières apprenant par la même occasion les codes pour comprendre la société dans laquelle ils vivent et l'environnement qui les entoure, et contribuer ainsi à la préservation de l'une et de l'autre. L'école, autrefois réservée aux plus nobles de la société, s'est entre-temps démocratisée, avec le schéma classique "un enseignant devant des apprenants", une constance qui se perpétue depuis plusieurs siècles. Or de nombreuses études menées sur la performance du système éducatif ont établi avec certitude que la performance de notre système actuel de transmission des connaissances dépend moins d'autres facteurs que des capacités intellectuelles innées de l'apprenant, formalisées sous le vocable de quotient intellectuel (QI) . Il vient donc qu'en moyenne, plus cette variable est élevée, mieux l'apprenant est disposé à réussir sa vie scolaire. Le problème crucial des échecs scolaires massifs et des taux alarmants de reprise, suffit à résumer l'inadéquation de nos systèmes éducatifs actuels à former convenablement la jeune génération.

De leur côté, les progrès techniques permettent désormais de dispenser des cours en ligne (MOOC) à un grand nombre d'apprenants quelle que soit leur localisation. Cette nouvelle approche s'est renforcée ces dernières années par l'IA qui est susceptible d'apporter une assistance personnalisée à chaque apprenant inscrit dans un MOOC. Ces techniques repoussent chaque jour un peu plus les limites du possible dans la substitution de la machine à l'homme.

Prise de Conscience

Le Bénin, dans sa stratégie numérique devrait pouvoir s'inspirer de ces expériences pour mettre sur pied son propre univers de cours en ligne dans l'optique de démocratiser l'accès des apprenants aux ressources didactiques et d'étendre le temps potentiel de révision et d'apprentissage . La politique de vulgarisation de l'accès à internet par la réduction des coûts devrait être accompagnée d'une stratégie de développement de contenus didactiques numériques adaptés à nos réalités tout en donnant la possibilité aux apprenants d'accéder aux cours des meilleures universités du monde auxquelles la plupart d'entre eux n'auraient probablement jamais accès autrement.

L'État doit donc adopter pour les dix prochaines années une stratégie visant à compléter ou, au besoin, à suppléer au système d'enseignement classique une alternative plus autonome et interactive des cours en ligne, depuis l'école primaire jusqu'à l'université. Mais nos dirigeants doivent sans attendre prendre les dispositions pour mettre sur pied une stratégie ambitieuse et éclairée de production et d'exploitation de l'IA au service de l'éducation. Alors que l'IA devient chaque jour plus "performante" et que ses capacités de traitement s'accroissent de façon exponentielle, nos cerveaux biologiques quant à eux restent limités et égaux à eux-mêmes. Si rien n'est fait, les robots risquent alors de nous faire passer pour des "moutons". Dans un scénario proche des romans de science-fiction, les hommes deviendraient dépendants des robots (comme nous le sommes aujourd'hui de nos téléphones portables) pour les tâches les plus élémentaires de leur quotidien, mais aussi pour les prises de décision. Le souci d'optimisation de nos ressources limitées nous conduirait à nous en remettre aux calculs plus élaborés et rationnels de nos assistants personnels (ou robots).

Le principal risque est de voir se développer une super IA susceptible de manipuler le reste du monde sur ordre de ses concepteurs. Pour échapper à cette éventualité, il faudrait que, à défaut de contrôler la construction des IA, que chaque être humain ait l'opportunité de devenir super intelligent. Pour ce faire, deux solutions sont envisageables à savoir l'eugénisme et la neuro-hybridation.

L'eugénisme regroupe les techniques visant à sélectionner les meilleurs gènes pour améliorer les aptitudes de la descendance. Le processus consisterait à accroître le QI des êtres humains au moyen de "bricolages" génétiques. La Chine a récemment autorisé des recherches sur les cellules souches humaines afin d'identifier les gènes responsables de l'intelligence. Cela servirait, si les résultats sont concluants, à l'avènement de "petits chinois" plus intelligents dans les toutes prochaines décennies. Le seul inconvénient de cette option, même si elle pourrait se révéler très efficace, réside dans la lenteur de sa mise en œuvre. Il faudrait plusieurs générations pour gagner des points significatifs de QI à l'échelle d'une Nation.

La seconde option consisterait à compléter le cerveau biologique par l'IA, laquelle serait de ce fait sous le contrôle des humains. De façon pratique, une puce électronique équipée d'IA serait directement connectée au cerveau humain par des techniques invasives ou non, afin d'interagir directement avec lui par la pensée. Cette deuxième option semble particulièrement retenir l'attention de plusieurs startups américaines qui se sont lancées dans la création d'interfaces cerveau/IA.

Mais l'idée de "bidouiller" ainsi le cerveau humain ouvre bien d'autres champs de possibilités. A partir du moment où nous aurions maîtrisé les neurones responsables de l'intelligence, que nous aurions compris les mécanismes neurologiques de mémorisation et d'apprentissage de nouvelles connaissances, qu'est ce qui nous empêcherait d'implanter directement dans le cerveau biologique l'ensemble des connaissances que l'individu doit acquérir dans le système éducatif actuel ? L'éducation en elle-même deviendrait simplement une branche de la médecine, et il suffirait d'une intervention médicale de quelques heures (nous supposons) pour maîtriser toutes les connaissances qu'il fallait habituellement accumuler en deux décennies d'apprentissage. Une telle révolution de l'acquisition du savoir constituerait un tsunami sans précédent dans le secteur de l'éducation. C'est à cette éventualité que doit se préparer l'État béninois.

On comprend donc pourquoi l'IA est désormais considérée comme une nouvelle "courses aux étoiles" où les plus grandes puissances du monde cherchent à marquer leur territoire. Si elle suscite autant de passions et de convoitise, c'est parce que cette technologie risque de bouleverser la totalité de notre système actuel d'organisation, de péricliter les acquis établis depuis des siècles dans certaines industries, de concentrer entre les mains de quelques-uns, l'essentiel des pouvoirs sur les informations qui régentent le monde.

Aujourd'hui la Chine est passée maître dans le domaine de la reconnaissance faciale à grande échelle qui lui permet de repérer avec une forte probabilité n'importe qui dans la rue grâce aux milliers de caméras intelligentes installées. Les entreprises, y compris les PME y ont désormais recours pour orienter efficacement leur stratégie marketing et proposer des services personnalisés à leurs clients. La généralisation de cette technologie fait de la Chine un des premiers pays, qui grâce à une politique "pragmatique" de la gestion des données à caractère personnel, parvient à la généralisation d'une technologie tendant à bouleverser les techniques de recherche de suspects.

La Russie a pris toute la mesure de la situation et s'attèle à se hisser parmi les meilleurs, sinon la plus puissante dans ce domaine. Le président Poutine ne s'en cache pas à ce propos . L'Union Européenne avec ses quelques "nains technologiques" ne semble pas avoir compris tous les enjeux de cette révolution. Sa dernière législation sur la vie privée et les données à caractère personnel tranche avec les recettes qui permettent aujourd'hui à la Chine de caracoler parmi les têtes de pont dans ce domaine. Les États-Unis de Trump avec la nouvelle législation sur la neutralité du web viennent d'enrichir leur capacité de production de données massives, matière première indispensable pour la production d'IAs toujours plus performantes.

L'Afrique en général et le Bénin en particulier est malheureusement hors de cette course pourtant vitale pour la compétitivité de nos économies. On peut se réjouir de quelques cas d'usages de l'IA pour aborder les thématiques de réductions de la pauvreté ou pour améliorer les campagnes marketing par le biais des statistiques sur les réseaux mobiles. Mais toutes ces bonnes nouvelles constituent de simples usages de technologies importées ou détenues par des entreprises ou organisations étrangères.

Au Bénin, aucune disposition particulière ne semble avoir été prise pour amorcer le développement de l'IA. Et pourtant, ce n'est pas les potentialités qui manquent. En effet, l'IA en particulier et les sciences de données en général, sont basées sur les compétences en informatique certes, mais surtout sur la disponibilité d'experts en mathématiques. Or les Béninois sont comptés parmi les meilleurs mathématiciens en Afrique . Nous avons au Bénin les premières écoles de troisième cycle en maths. L'institut de mathématiques de Porto-Novo constitue une référence en Afrique. Il est donc aisé de créer au sein de ces centres du savoir des filières nouvelles dédiées exclusivement aux sciences de données et à l'IA. L'objectif est de former la prochaine génération de data scientists qui pourront travailler sur les quantités de données restées inexploitées aussi bien dans l'administration publique que dans les entreprises privées. Ce n'est qu'en nous appropriant cette technologie que nous serons en capacité de tirer le maximum de profit de ses potentialités non seulement pour des raisons économiques, mais également pour des questions d'éthique et de préservation de nos modes de vie, dans un environnement international caractérisé par l'homogénéisation et l'occidentalisation dangereuse et sans précaution.

Quelques propositions

Investir 100 millions par an dès cette année, puis 1 milliard par an à partir de 2020 dans l'IA.

Le développement de l'IA est possible au Bénin à moindre frais parce que nous disposons d'un système éducatif qui reste performant malgré tous les défauts qu'on lui connaît. Les pistes de solutions sont nombreuses à cet effet. Nous recommandons au gouvernement de :

Miser sur les bourses de formations de haut niveau (avec ou sans diplômes) en vue de disposer d'un corps professoral et d'experts dans le domaine;

Rembourser les frais de formation en ligne (MOOC) pour la spécialisation en sciences de données effectuées par les citoyens résidant au Bénin, selon des critères définis;

Construire des infrastructures techniques afin de mettre sur pied un écosystème favorable aux initiatives dans la science de données;

Généraliser l'open gouvernement en publiant en ligne les données publiques dans un format susceptible d'être facilement exploité et analysé par les citoyens;

Dé-fiscaliser les cabinets de conseil qui offrent des services d'analyses de données à des entreprises installées au Bénin.

Proposition pour le contenu de l'éducation nationale au Bénin
Dallys Medali, Juin 2016

« Eduquer ce n'est pas remplir un seau, mais plutôt allumer un feu. » – Williams Yeats

Dans une publication précédente, j'ai débattu de la nécessité d'insuffler plus de cohérence et de pragmatisme à l'éducation en République du Benin et j'ai présenté trois objectifs qu'on pourrait mettre au cœur de notre approche éducative. Ensuite j'ai introduit dix modules sensés couvrir tout l'éventail du savoir, savoir-être et savoir-faire humain et pouvant servir d'ossature pour tous les programmes d'enseignement dans notre pays.

1. Le Corps et la Santé (CS)

2. Les Langages et la Communication (LC)

3. Les Mathématiques et autres Sciences Formelles (MSF)

4. La Création de Richesse (CR)

5. Les Sciences de la Nature (SN)

6. Les Sciences Humaines et Sociales (SHS)

7. Les Arts et la Culture (AC)

8. Les Activités Physiques (AP)

9. Les Vertus, les Normes et le Service (VNS)

10. Les Projets Personnels (PP)

Le but de cette publication est de détailler chacun de ces dix modules en utilisant le format de listes simples, sans tergiversation additionnelle.

Le Corps et la Santé (CS)

- Anatomie et Physiologie

- Nutrition et Cuisine

- Sexualité, Reproduction et Planning Familial

- Biologie

- Médecine

  - Moderne

  - Traditionnelle

  - Alternative

- Maladies

  - Symptômes et Détection

  - Causes et Prévention

  - Traitements

  - Vaccins

Activités Physiques (AP)

- Activités dans la Nature

- Sports de Maintien

- Sports de Compétition

- Jeux et Loisirs

- Méditation et Concentration

Langages et Communication (LC)

- Langues maternelles locales

- Anglais

- Français

- Autres langues utiles

- Ecriture et Rédaction

- Littérature

- Communication orale et non-verbale, Argumentations, Présentations

- Programmation

- Technologie Appliquée

- Recherches et Analyses

- Conservation et Archivage

Mathématiques et autres Sciences Formelles (MSF)

- Arithmétique

- Algèbre et Logique

- Géométrie

- Probabilité

- Statistiques

- Mathématiques Appliquées

- Mathématiques Financières et Actuariat

- Cryptographie et Sécurité Informatique

- Topographie et Topologie

- Dessin industriel

Vertus, Ethique, Normes et Service (VENS)

- Normes

  - Lois et système juridique

  - Droit civil

  - Droit commercial

  - Droit pénal

  - Institutions

  - Gouvernance

- Ethique

  - Morale

  - Civisme et Patriotisme

  - Idéologie de développement

  - Vie sociale et communautaire

  - Ethique et Politique

- Vertus
  - Valeurs et Vertus
    - Discipline
    - Courage et Persévérance
    - Amour et Altruisme
    - Autres vertus
  - Développement personnel
  - Interactions humaines
    - Savoir-vivre
    - Vie en famille
    - Vie de couple
    - Vie en milieu professionnel
- Service public
  - Service communautaire
    - Volontariat
    - Philanthropie
  - Service national
    - Service militaire
    - Service civil
  - Service international

Création de Richesse (CR)

- Education financière
    - Plans et Budgets
    - Economie
        - Microéconomie
        - Macroéconomie
        - Comptes publics
        - Economie monétaire
        - Economie bancaire
        - Economie appliquée
    - Finance
    - Comptabilité
- Entrepreneuriat
    - Entrepreneuriat à but commercial
    - Entrepreneuriat à but social
    - Innovation
- Techniques de recherche et de maintien d'emploi
    - Recherche d'emploi
    - Maintien d'emploi
- Dynamiques de groupe
    - Compétition
    - Collaboration

- - Leadership
  - Management
- Sciences de gestion
- Production et Logistique
- Psychologie de la Richesse
- Fortunes historiques

Sciences Humaines et Sociales (SHS)

- Philosophie
- Histoire
- Religions
- Psychologie
- Sociologie
- Urbanisation
- Sciences politiques
- Relations internationales

Sciences de la Nature (SN)

- Sciences de la matière
  - Chimie
    - Chimie générale
    - Chimie organique

- - - Chimie minérale
    - Chimie thermique
    - Chimie appliquée
  - Physique
    - Physique générale
    - Physique ondulatoire
    - Physique quantique
    - Physique thermique
    - Thermodynamique
    - Physique nucléaire
    - Astrophysique
    - Géophysique
    - Physique appliquée
  - Science des matériaux
  - Mécanique
  - Electronique
  - Conception d'outils informatiques
- Sciences de la terre et de l'univers
  - Astronomie
  - Climatologie
  - Hydrogéologie
  - Géographie

- Cartographie
- Autres sciences
- Science de la vie et de l'environnement
  - Agronomie
  - Anthropologie
  - Botanique
  - Ecologie
  - Génétique
  - Microbiologie
  - Paléontologie
  - Zoologie
  - Autres disciplines

Arts et Culture (AC)

- Arts visuels
  - Dessin
  - Peinture
  - Illustration numérique
  - Sculpture
  - Artisanat
  - Design
  - Installations

- ○ Architecture
- Arts de spectacle
  - ○ Musique
  - ○ Danse
  - ○ Théâtre
  - ○ Cinéma
- Arts littéraires
  - ○ Romans
  - ○ Contes et récits
  - ○ Biographies
  - ○ Poésies
  - ○ Autres formes

Projets Personnels (PP)

Comme l'indique le nom, ce dernier module couvre les autres activités d'intérêt personnel qui ne sont pas couvertes par les neuf modules ci-dessus et qui seront générés par la créativité de l'apprenant.

Articles et essais sur la Gouvernance

Programme de Gouvernance pour le Développement du Benin (version condensée)

Dallys-Tom Medali, Juin 2016

Administration & Gouvernance

1. Formation d'un gouvernement de 12 ministres (6 femmes et 6 hommes intègres et compétents avec des feuilles de route concrètes et transparentes)

2. Levé et Immatriculation de l'entièreté du territoire national, Conception et validation de plans d'urbanisation intégrés et futuristes, Octroi de titres de propriété à tous

3. Établissement d'un état civil universel : donner à chaque béninois, un acte de naissance, une carte d'identité, un identifiant fiscal et une adresse physique, mobile et digitale

Education

4. Modernisation du contenu et des méthodes d'enseignement avec un focus sur les potentialités et problèmes actuels réels de nos communautés, et les futurs besoins de la nation

5. Utilisation de divers langages comme outils de progrès

   - Vulgarisation des langages informatiques et des technologies modernes

   - Dissémination de concepts scientifiques, économiques et civiques dans les langues locales

   - Promotion de l'Anglais pour connecter le Bénin au savoir universel et aux marchés

6. Collaboration avec les médias pour l'éveil de la conscience nationale grâce à une programmation axée sur le développement personnel des citoyens et le progrès économique.

Infrastructure & Énergie

7. Electrification progressive de 100% du territoire national

8. Connexion des villes côtières de Ouidah et Cotonou aux villes de Boumba et Gaya au Niger avec 3 lignes parallèles de chemin de fer traversant et desservant tout le territoire béninois

9. Création du programme spatial béninois : lancer deux satellites pour améliorer les services de télécommunication (téléphone, internet et autres), et pour collecter des données météorologiques et géographiques fiables au service du plan agricole national

10. Appui aux ménages paysans pour que les cases primitives soient remplacées par un habitat moderne en matériaux locaux, grâce à un accès à la technologie et au crédit

Finance

11. Financement de l'action gouvernementale

- Réforme fiscale (Impôts et Douane) et Création d'un fonds souverain béninois

- Mobilisation de l'investissement domestique et de la diaspora (actions et obligations)

12. Financement des individus et des entreprises

- Transition de la micro-finance à la méso-finance et Développement du crédit immobilier

- Appui à la création de marchés financiers viables

Chronique sur la préfecture du Littoral

Mireille Dimigou, Septembre 2017

Une réelle révolution est en train d'être opérée au Bénin. Depuis l'élection du président de la République Patrice Talon, tous les secteurs d'activités ont subi des changements significatifs. Les conseils des ministres hebdomadaires sont couronnés de décisions, entraînant un réel bouleversement dans tel ou tel domaine. Les populations sont chaque semaine surprises par ces décisions mais se résignent à les suivre car l'autorité avait d'ores et déjà pris les dispositions nécessaires pour éviter les manifestations. Ainsi, les activités des associations faîtières estudiantines ont été limitées, des accords ont été signés avec les organisations syndicales et les marchés sont encadrées ou limitées dans le pays pour raison de choix de mauvais itinéraires aux alentours de la présidence ou dans des zones sensibles.

Est-ce que le Béninois qui a été habitué par le régime précédent à des marches de manifestation ou de soutien pourra s'habituer à rester immobile sans crier son ras-le-bol face à tous ces changements hebdomadaires pour lesquels le consensus populaire n'est pas vraiment espéré? De même, il paraît qu'une vraie crise financière est ressentie dans le pays avec les problèmes du Naira de notre pays voisin le Nigéria. Des taxes sont créées sur tous les véhicules, les places au marché, les gains de loterie et j'en passe. Les emplois sont créés dans le secteur public et les concours pour les obtenir sont de plus en plus surveillés et sélectifs évitant des recrutements avant la composition comme jadis.

Un système fut même créé pour éviter les fraudes.Le secteur éducatif tant privé que public fut bouleversé dans le bon sens du terme, la dictée fut réintroduite au primaire, des exigences conditionnent la composition pour le baccalauréat et un apprentissage solide de l'anglais est exigé pour s'inscrire au Master dans les universités publiques dont les antennes ont été réduites dans le pays. Les diplômes délivrés par les universités privées pour les licences et les masters seront préalablement soumis à des examens nationaux. Eh oui, les diplômes béninois seront plus difficiles à obtenir et leur détenteurs n'en seront que fiers. Les rues ont aussi été assainies de l'occupation anarchique des populations et des différentes manifestations religieuses, familiales et autres. L'État est en train de reprendre progressivement possession de ses marques sur le territoire national. Là où régnait l'anarchie, l'ordre a repris ses marques. Les différents commerces informels sont progressivement supprimés, celui de l'essence frelatée dite "kpayo", celui des faux médicaments faisant jadis concurrence aux quelques pharmacies existantes et à la pharmacopée traditionnelle.

Toutes ces actions révolutionnaires suppriment de nombreux emplois mais sauvent de nombreuses vies humaines. Une autre décision qui accompagne ces changements, est la redéfinition du rôle de nos forces de l'ordre : la police, la gendarmerie et l'armée. Tout accident dans le pays sur une voie inter-état ou goudronnée est suivie du limogeage ou de l'arrêt temporaire des agents qui étaient chargés de surveillés ce tronçon routier. La recrudescence des braquages quotidiens est diminuée puisque les forces de l'ordre qui se reposaient à l'ombre des arbres ont été gratifiés d'une prime alimentaire et ont compris que leur rôle est d'assurer la sécurité des populations et non de rançonner les automobilistes. Il a été mis en place un numéro vert gratuit pour recevoir les dénonciations de ces activités de rançonnement et autres actes malsains des services publics.

Le domaine sportif est aussi touché par le vent du changement, la crise au niveau de la Fédération Béninoise de Football a été gérée par l'intervention du Président de la République qui a exigé la signature d'un consensus entre les différents acteurs de la crise. Des centres sportifs seront créés dans tous les douze départements, entraînant le recrutement de 1200 encadreurs sportifs. Chaque département a été doté d'un préfet et la désignation de leur chef-lieu a également été actée.

Le projet de loi de cette révision introduit en urgence auprès des députés s'est heurté à un vote négatif et pleins de bonnes leçons pour son initiateur. Nous pouvons énumérer parmi celles-ci:

- Cette révision aurait dû intervenir avant le déguerpissement des populations et autres décisions qui ont touché directement les populations de base.
- Le projet ne devrait pas être introduit en urgence mais comme un projet habituel vu que par le passé, les béninois se sont opposés à la révision de leur loi fondamentale et cette urgence montre qu'il y a soit quelque chose à cacher puisqu'elle touche de nombreuses institutions gouvernementales.
- Une plus grande implication des populations analphabètes et intellectuelles aurait dû être opérée dans cette révision car c'est la constitution d'un pays qui comporte toutes ces couches de populations.
- Une traduction en langues locales aurait été la bienvenue pour une meilleure adhésion et une meilleure compréhension de cette nouvelle

constitution à laquelle seront soumises les populations.

- L'initiateur de cette révision aurait dû mieux s'expliquer le jour de l'envoi à l'Assemblée nationale. Son discours de 10 minutes présenté de façon laconique et superficielle, n'a pas convaincu de la pertinence de révision d'autant qu'il n'a pas expliqué les points importants soumis à la révision.

Structure et organisation de l'Etat béninois
Rethices Fagbohoun, Juin 2017

Cette note pédagogique vous informe sur la structure complète des organes qui constituent et font fonctionner l'État béninois.

7 Institutions

21 Ministères

159 Directions techniques

141 Organismes et offices publics

93 Agences et établissements publics

EXECUTIF

Présidence de la République

Cabinet civil

- Commission de passation des Marchés publics
- Cellule de Contrôle des Marchés publics
- Direction de I'intendance de la présidence
- Direction de la Communication
- Direction Générale des chiffres et de la sécurité des Télécommunications
- Direction des Etudes et des Analyses Cryptologiques
- Direction de l'Exploitation et du centre de Formation et de Perfectionnement
- Direction des chiffres et de la sécurité des Télécommunications du Ministère des Affaires Étrangères
- Direction des chiffres et de la sécurité des Télécoms du Ministère de l'intérieur

- Service du protocole
- Cellule d'interprétation et de Traduction

Cabinet militaire

- Organes d'études et de réflexions stratégiques
- Division Terre
- Division Air
- Division Marine
- Division Gendarmerie et des Forces paramilitaires
- Division Législation et Contentieux
- Cellule de Consultance
- Service Sécurité des systèmes d'information et de communication

Structures rattachées

- Direction en charge de la Coordination du Renseignement d' État
- Office National des Anciens Combattants et Victimes de guerre (O.N.A.C)
- Service en charge de la sécurité des systèmes d'information et de communication de la Présidence de la République
- Commission Nationale de Lutte Contre la Prolifération des Armes Légères (CNLCPAL)
- Garde républicaine
- Conseil Supérieur de la Magistrature (CSM)
- Agence Judiciaire du Trésor (AJT)
- Grande Chancellerie de l'Ordre National du Bénin (GCO)
- Conseil National de l'Éducation (CNE)
- Institut National pour la Promotion de la Femme (INPF)
- Commission Nationale de l'Informatique et des Libertés (CNIL)
- Autorité Nationale de Lutte contre la Corruption (ANLC)
- Conseil National de Lutte contre le Sida (CNLS)

- Autorité de Régulation des Marchés Publics (ARMP)
- Agence des Grands Projets Urbains (Agence GPU)
- Agence du Cadre de Vie pour le Développement du Territoire (Agence CV-DT)
- Agence Nationale d'Approvisionnement en Eau Potable en Milieu Rural (ANAEPMR)
- Bureau d'Analyse et d'Investigation (BAI)
- Conseil du Numérique

Ministère Secrétaire général de la présidence

- Unité d'appui au secrétaire général de la présidence
- Secrétariat administratif de la présidence
- Secrétariat général du gouvernement du Bénin (SGG)
- Direction des Archives Nationales (DAN)
- Journal Officiel du Bénin (JOB)
- Autorité de régulation de l'électricité (ARE)
- Autorité nationale chargée de l'action de l'Etat en mer (ANACEM)
- Conseil de l'alimentation et de la nutrition (CAN)
- Agence pour la promotion des investissements et des exportations (APIEx Bénin)
- Commission nationale du mécanisme africain d'évaluation par les pairs (CNG-MAEP)
- Bureau d'Études et d'Appui au Secteur Agricole (B2A)
- Comité technique du fichier national d'admission et de nomination de cadres aux emplois de la chaîne des dépenses publiques

Gouvernement

Ministère d'Etat chargé du plan et du développement

- Cabinet du Ministre
- Direction Administrative et Financière
- Direction de la Programmation et de la Prospective
- Directions Départementales
- Direction générale des politiques de développement
- Direction de la prospective et de la planification du développement
- Direction des politiques et programmes sectoriels
- Direction des politiques et programmes de population
- Direction d'appui au développement à la base
- Direction générale de la programmation et du suivi des investissements publics
- Direction de la programmation des investissements publics
- Direction du suivi des investissements publics
- Direction d'analyse et de synthèse des performances des projets et programmes.
- Direction générale du financement du développement
- Direction de la promotion des investissements privés
- Direction de la mobilisation des financements et de la coordination de l'aide au développement
- Unité de gestion de la coordination du Plan cadre d'assistance du système des Nations Unies au développement.
- Direction générale de la coordination et du suivi des objectifs de développement durable
- Direction de la coordination des politiques des OMD/ODD
- Direction du suivi et de l'évaluation des OMD et des ODD
- Institut national de la statistique et de l'analyse économique (INSAE)

- Direction des Statistiques et Études Économiques (DSEE)
- Direction des Études Démographiques (DED)
- Direction des Statistiques Sociales (DSS)
- Direction du Traitement de l'Information et des Publications (DTIP)
- Direction de la Coordination Statistique, de la Formation et de la Recherche
- Centre de partenariat et d'expertise pour le développement durable (CePED - Bénin)
- Observatoire du changement social (OCS)
- Autorité de développement du périmètre de Glo-Djigbé
- Office de gestion des projets du Programme Alimentaire Mondial (OGP-PAM)
- Centre d'analyse des politiques de développement
- Agence pour le développement intégré de la zone économique du Lac AHEME et ses Chenaux.

Ministère de la justice et de la Législation

- Cabinet du Ministre
- Direction Administrative et Financière
- Direction de la Programmation et de la Prospective
- Directions Départementales
- Direction de la Législation, de la Codification et des Sceaux
- Direction des Services judiciaires
- Direction des Affaires Civiles, Pénales et des Graces
- Direction de l'Administration Pénitentiaire et de la Protection des droits Humains
- Direction de l'éducation surveillée et de la Protection sociale des mineurs
- Direction des Relations avec les institutions et de la Promotion des Dynamiques Sociales
- Service des relations avec les institutions de la République
- Service des relations avec les partis politiques
- Service des relations avec les organisations de la société civile et de la formation civique et citoyenne
- Etablissements pénitentiaires
- Centres de sauvegarde de l'enfance et de l'adolescence
- Centre de documentation et d'information juridique
- Centre de Promotion de la Société Civile
- Observatoire National des Processus Électoraux
- Commissions et comités prévus par les règlements et placés sous tutelle
- Cours d'appel et tribunaux
- Commission nationale de l'organisation pour l'harmonisation en Afrique du droit des affaires
- Commission nationale de législation et de codification
- Commission nationale pour la mise en œuvre du droit international humanitaire

- Comité national de suivi de l'application des instruments internationaux en matière des droits de l'Homme
- Commission nationale des droits de l'enfant
- Conseil national consultatif des droits de l'Homme
- Comité de gestion des systèmes d'information
- Comité de Concertation et d'Orientation des Centres de Sauvegarde de l'Enfance et de l'Adolescence
- Autorité centrale en matière d'adoption internationale en République du Bénin

Ministère délégué auprès du président de la République chargé de la Défense

- Cabinet du Ministre
- Direction Administrative et Financière
- Direction de la Programmation et de la Prospective
- Directions Départementales
- Direction de la coopération militaire et des opérations de maintien de la Paix
- Service des Opérations de Maintien de la Paix
- Service des Relations internationales
- Direction de la sécurité militaire
- Service Recherche
- Service Exploitation
- Service Appui aux Opérations
- Direction de la participation des armées au développement et aux tàches d'intérêt Public
- Service de la coopération civilo-militaire
- Service des ressources et du renforcement des capacités
- Service de la stratégie et de la contractualisation

- Armée de terre qui inclut le groupement national de sapeurs-pompiers
- Forces aériennes
- Forces navales
- Gendarmerie nationale
- Centre de Formation aux opérations de Maintien de la paix (CFOMP)

Ministére des Affaires étrangères et de la coopération

- Cabinet du Ministre
- Direction Administrative et Financière
- Direction de la Programmation et de la Prospective
- Directions Départementales
- Directions géographiques
- Direction de l'Afrique et du Moyen Orient
- Direction de l'Amérique
- Direction de l'Asie et de l'Océanie
- Direction de l'Europe.
- Direction des Affaires Politiques internationales, Stratégiques et du Maintien de la Paix
- Direction des Organisations Internationales
- Direction des Relations Économiques et commerciale Internationale
- Directions des Relations culturelles, de la coopération Décentralisée et de l'Humanitaire
- Direction des Affaires Juridiques
- Direction des Affaires Consulaires et des Béninois de l'Extérieur
- Direction du Protocole d'Etat
- Direction des Chiffres et de la Sécurité des Télécommunications
- Direction Nationale de l'Interprétation et de la Traduction
- Les services extérieurs (Ambassades, consulats et missions)

- Institut des Relations Internationales et des Etudes Stratégiques (IRIES)
- Commission Nationale Permanente de la Francophonie (CNPF)
- Agence Nationale des Migrations et de la Diaspora (ANMD)

Ministère de l'Economie et des Finances

- Cabinet du Ministre
- Direction Administrative et Financière
- Direction de la Programmation et de la Prospective
- Directions Départementales
- Direction générale du budget
- Direction de Ia préparation et du suivi de l'exécution de la loi de finances
- Direction du suivi des investissements et des provisions
- Direction des pensions et rentes viagères
- Direction de la gestion des ressources
- Direction de l'informatique
- Centre de formation professionnelle de I'Administration centrale des finances
- Direction générale des impôts
- Inspection générale des services
- Mission fiscale des régimes d'exception
- Direction de la législation et du contentieux
- Recette nationale des impôts
- Direction de l'information et des études
- Centre de formation professionnelle des impôts
- Direction des grandes entreprises (DGE)
- Direction des centres des impôts des moyennes entreprises
- Direction de l'enregistrement et du timbre
- Direction nationale de vérifications et d'enquêtes fiscales
- Direction de la gestion des ressources

- Direction générale des douanes et droits indirects
- Inspection générale des services
- Direction du Bureau particulier
- Recette nationale des douanes
- École nationale des douanes
- Direction de la législation et des relations internationales
- Direction de la gestion des ressources
- Direction du renseignement et des enquêtes douanières
- Direction de gestion de l'information
- Direction générale du Trésor et de la comptabilité publique
- Inspection générale des services
- Direction du Trésor
- Direction de la comptabilité publique
- Direction de la gestion de l'information et des archives
- Centre de formation professionnelle du Trésor
- Direction de la gestion des ressources
- Agence comptable centrale du Trésor
- Recette générale du Trésor
- Paierie générale du Trésor
- Direction générale du matériel et de la logistique
- Direction du matériel
- Direction du patrimoine immobilier bâti
- Direction de la gestion des ressources
- Direction du garage central administratif
- Direction générale des affaires économiques
- Secrétariat permanent du comité national de politique économique
- Cellule de Veille économique et financière
- Direction de la prévision et de la conjoncture
- Direction des politiques économiques et sectorielles
- Direction de l'intégration régionale

- Direction des assurances
- Direction de la promotion économique
- Direction de la gestion des ressources
- Direction générale des participations de l'Etat et de la dénationalisation
- Direction de la gestion des participations de l'Etat
- Direction de la dénationalisation
- Direction de la gestion des ressources.
- <u>Caisse autonome d'amortissement (CAA)</u>
- <u>Loterie nationale du Benin (LNB)</u>
- <u>Centre national de formation comptable (CENAFOC)</u>
- <u>Direction nationale du palais des congrès et du centre international des conférences de Cotonou</u>
- <u>Agence nationale de surveillance des systèmes financiers décentralisés (ANSSFD)</u>
- <u>Agence nationale du domaine et du foncier (ANDF)</u>

Ministère des Enseignements secondaire, technique et de formation professionnelle

- Cabinet du Ministre
- Direction Administrative et Financière
- Direction de la Programmation et de la Prospective
- Directions Départementales
- Direction de I'enseignement secondaire général
- Service des établissements privés d'enseignement secondaire général
- Service des établissements publics d'enseignement secondaire général
- Service de la formation et de l'orientation scolaire
- Service de l'organisation scolaire et de la prévision
- Direction de l'enseignement technique et de la formation professionnelle
- Service des établissements privés d'enseignement technique et de formation Professionnelle
- Service des établissements publics d'enseignement technique et de formation Professionnelle
- Service de la formation, de l'information et de l'orientation à l'insertion professionnelle
- Service de l'organisation scolaire et de la prévision
- Direction de I'alphabétisation et de la promotion des langues nationales
- Service de I'alphabétisation et de la formation des adultes
- Service de la promotion des langues nationales
- Direction des examens et concours (DEC)
- Service de l'organisation des tests, examens et concours de l'enseignement secondaire et professionnel
- Service de la délivrance des attestations et diplômes et du contentieux

- Service de l'informatique et des statistiques des examens et concours
- Direction des infrastructures et de l'équipement
- Service des études techniques, de la qualité et de la maintenance des infrastructures
- Service des études techniques, de la qualité et de la maintenance des installations et équipements
- Direction de l'inspection pédagogique, de l'innovation et de la qualité
- Service de l'inspection et de l'animation pédagogiques
- Service de validation, de certification des programmes d'études et de l'évaluation des apprentissages
- Service des statistiques et de la documentation
- Institut National d'Ingénierie de Formation et de Renforcement des Capacités des Formateurs
- École de Formation du personnel d'Encadrement de l'Education Nationale
- Fonds d'Aide d'Alphabétisation et à l'Education en Langues Nationales
- Conseil Consultatif National de l'Enseignement Secondaire, de la Formation Technique et Professionnelle
- Conseil Sectoriel de Dialogue Social
- Commission Nationale de Pilotage et de l'introduction des Langues Nationales dans le Système Formel
- Cadre National de Concertation pour la Promotion de l'Enseignement Technique et de la Formation Professionnelle

Ministère de l'intérieur et de la Sécurité publique

- Cabinet du Ministre
- Direction Administrative et Financière
- Direction de la Programmation et de la Prospective
- Directions Départementales
- Direction des affaires intérieures et des cultes
- Direction générale de l'état civil
- Direction du fichier central de l'Etat civil
- Direction de l'exploitation des données et de la modernisation de l'Etat civil
- Direction générale de la sécurité publique
- Direction des Opérations de Sécurité
- Direction des études et de la règlementation
- Direction de la surveillance du Territoire et de la Documentation Stratégique
- Service de la coordination du renseignement territorial
- Centre de documentation de sécurité publique
- Direction de coopération technique de sécurité
- Service des Opérations de Maintien de la Paix
- Service des Relations Internationales de Sécurité
- Direction des chiffres et de la sécurité des télécommunications
- Service de l'exploitation et de l'analyse du trafic
- service de la gestion et de la comptabilité des documents et matériels des chiffres
- Direction des transmissions et de la télésurveillance
- Service du trafic et de la formation
- Service de la gestion et de la maintenance des équipements
- Secrétaire permanent du comité interministériel de lutte contre l'abus des stupéfiants et des substances psychotropes
- Secrétariat permanent du comité national de lutte contre le terrorisme et le radicalisme

- Secrétaire permanent du comité national des manifestations officielles
- Agence béninoise de gestion intégrée des espaces frontaliers
- Agence nationale de protection civile (ANPC)
- Direction Générale de la Police Nationale
- Forces concourant de la sécurité
- Direction générale de la gendarmerie nationale (DGGN)
- Groupement National des Sapeurs pompiers (GNSP)

Ministère de l'Agriculture, de l'Elevage et de la Pêche

- Cabinet du Ministre
- Direction Administrative et Financière
- Direction de la Programmation et de la Prospective
- Directions Départementales
- Direction de la Qualité, des innovations et de la Formation Entrepreneuriale (DQIFE)
- Direction de la Production Végétale (DPV)
- Direction de l'élevage (DE)
- Direction de la Production Halieutique (DPH)
- Direction de l'Alimentation et de la Nutrition Appliquée (DANA)
- Direction de la Statistique Agricole (DSA)
- Direction du Génie Rural
- Direction de la Législation Rurale, de l'Appui aux Organisations Professionnelles et d l'Entrepreneuriat Agricole (DLROPEA)
- Agences Territoriales de Développement Agricole (ATDA)
- Office national de soutien des revenus agricoles (ONS)
- Institut national des recherches agricoles du Bénin (INRAB)
- Fonds national de développement agricole (FNDA)
- Agence de développement de la mécanisation agricole (ADMA)
- Agence de promotion des aménagements agricoles (APAH)
- Agence béninoise de la sécurite sanitaire des aliments (ABSSA)

- Laboratoire central de sécurité sanitaire des aliments (LCSSA)
- Office national d'appui à la sécurité alimentaire (ONASA)
- Société nationale pour la promotion agricole (SONAPRA)
- Conseil national d'orientation et de suivi du secteur agricole (CNOS)
- Réseau des Chambres d'Agriculture du Bénin (RCAB)

Ministère de la Décentralisation et de la Gouvernance locale

- Cabinet du Ministre
- Direction Administrative et Financière
- Direction de la Programmation et de la Prospective
- Directions Départementales
- Direction Générale de l'Administration d'Etat (DGAE)
- Direction Générale de la Décentralisation et de la Gouvernance Locale (DGDGL)
- Direction de la Coopération Décentralisée et de l'Intercommunalité (DCDI)
- Direction des Transmissions
- Commission Nationale des Affaires Domaniales
- Commission Nationale des Finances Locales
- Maison des Collectivités Locales (MCL)
- Délégation à l'Aménagement du Territoire (DAT)
- Société de Gestion des Marchés Autonomes (SOGEMA)
- Observatoire de la Gouvernance Locale et de la Décentralisation (OGoLD-Bénin)

Ministère du travail, de la Fonction publique et des Affaires sociales

* Cabinet du Ministre
* Direction Administrative et Financière
* Direction de la Programmation et de la Prospective
* Directions Départementales
* Direction Générale du Travail
* Direction des Normes du Travail, des Relations Professionnelles et du Dialogue Social
* Direction de la Sécurité Sociale, de la Mutualité et de la Santé au Travail
* Direction Générale de la Fonction Publique
* Direction du recrutement et de la gestion des carrières des agents de l'Etat
* Direction des études, du contentieux et du régime disciplinaire
* Direction des retraites et des archives
* Cellule de gestion du Fichier unique de référence et de la programmation des effectifs
* Direction Générale du Renforcement des Capacités et de l'Employabilité
* Direction de la formation continue des agents de l'État et de l'apprentissage
* Direction de la valorisation des ressources humaines, de l'employabilité
* Direction Générale de la Réforme de l'État
* Direction des programmes de réforme administrative et institutionnelle
* Direction de l'innovation et de la veille stratégique
* Direction Générale de la Famille et des Affaires Sociales
* Direction de la Famille, de l'Enfance et de l'Adolescence

- Direction de la Promotion de la Femme, du Genre et du Troisième Age
- Direction des Affaires Sociales et des Personnes Handicapées.
- Direction Générale de l'Emploi et de la Microfinance
- Direction de la promotion de l'emploi
- Direction de l'inclusion financière et l'autonomisation économique
- Caisse Nationale de Sécurite Sociale (CNSS)
- Centre de Perfectionnent du Personnel des Entreprises (CPPE)
- Centre de formation, de perfectionnement et d'assistance (CEPAG)
- Caisse Mutuelle de Prévoyance Sociale (CMPS)
- Agence Nationale Pour l'EmPloi (ANPE)
- Fonds National de la Promotion de l'Entreprise et de l'Emploi des Jeunes
- Fonds de Développement de la Formation continue et de l'Apprentissage
- Fonds national de la Microfinance (FMN)
- Fonds d'Appui à la Solidarité Nationale
- Observatoire de l'emploi et de la formation

Ministère de la Santé

- Cabinet du Ministre
- Direction Administrative et Financière
- Direction de la Programmation et de la Prospective
- Directions Départementales
- Direction nationale des hôpitaux (DNH)
- Direction nationale de la santé publique (DNSP)
- Direction de la recherche, de la formation et de la télé-médecine (DRFMT)

- Direction de la Pharmacie, du Médicament et des Explorations Diagnostiques (DPMED)
- Direction des Soins Infirmiers et Obstétricaux (DSIO)
- Direction de la Santé de la Mère et de l'Enfant (DSME)
- Agence Nationale de Vaccination et des Soins de Santé Primaire (ANVSS)
- Agence Nationale pour la Transfusion Sanguine (ANTS)
- Agence Nationale de l'Assurance Maladie (ANAM)
- Agence Nationale de Gestion de la Gratuité de la Césarienne (ANGC)
- Centre National Hospitalier Universitaire Hubert Koutougou MAGA de Cotonou (CNHU-HKM)
- Comité national de lutte contre le VIH Sida
- Comité national de la croix rouge
- Groupe des facilitateurs de l'initiative "faire reculer le paludisme"
- Comité national Raoul Follereau
- Centrale d'Achat des Médicaments Essentiels et Consommables Médicaux (CAME)
- Laboratoire National de Contrôle Qualité des des médicaments et consommables médicaux (LNCQ)
- Centre de Recherche Entomologique de Cotonou (CREC)
- Comité national d'éthique pour la recherche en santé (CNERS)
- Association Béninoise pour la Promotion de la Famille (ABPF)

Ministère de l'Enseignement supérieur et de la Recherche scientifique

- Cabinet du Ministre
- Direction Administrative et Financière
- Direction de la Programmation et de la Prospective
- Directions Départementales

- Direction générale de l'enseignement supérieur
- Direction de la formation et de la qualité de l'enseignement supérieur
- Direction des établissements privés d'enseignement supérieur
- Direction nationale de la recherche scientifique et de l'innovation
- Direction de la qualité de la recherche scientifique et de l'innovation
- Direction du partenariat et de la promotion de la recherche scientifique et de l'innovation
- Direction de la coopération universitaire et scientifique
- Direction des bourses et secours universitaires (DBSU)
- Commission nationale des Bourses et Aides Universitaires (CNaBAU)
- Direction des examens et concours de l'enseignement supérieur
- Direction des infrastructures et de l'équipement
- Universités et centres des œuvres sociales
- Centre béninois de recherche scientifique et de l'innovation (CBRSI)
- Office du baccalauréat (OB)
- Agence Béninoise de Valorisation des Résultats de Recherche et de l'Innovation Technologique (ABeVRIT)
- Centre des Oeuvres Universitaires et Sociales d'Abomey-Calavi (COUS-AC)
- Fonds National de la Recherche Scientifique et de l'Innovation Technologique (FNRSIT)

Ministère de l'Enseignement maternelle et primaire

- Cabinet du Ministre
- Direction Administrative et Financière
- Direction de la Programmation et de la Prospective
- Directions Départementales
- L'Inspection Général du Ministère ;
- le Secrétariat Général du Ministère ;
- les Directions Centrales ;
- les Directions Techniques ;
- les Organismes Sous Tutelle ;
- les organes consultatifs nationaux ou de gouvernance participative.

Ministère de l'Economie Numérique et de la Communication

- Cabinet du Ministre
- Direction Administrative et Financière
- Direction de la Programmation et de la Prospective
- Directions Départementales
- Direction Générale de l'Economie Numérique et de la Poste
- Direction des technologies de l'information et de la communication et des études
- Direction du secteur postal
- Direction Générale des Médias
- Direction de la presse et de la publicité
- Direction de la documentation et de la promotion de la production multimedia
- Bénin Télécoms Infrastructures
- Bénin Télécoms Services
- Poste du Bénin S.A
- Office de Radiodiffusion et Télévision du Benin (ORTB)

- Office National d'Imprimerie et de Presse (ONPI)
- Agence Bénin Presse (ABP)
- Libercom Bénin SA
- Agence Béninoise des Technologies de l'Information et de la Communication (ABETIC)
- Agence Béninoise des Services Universels, des Communications électroniques et de la Poste (ABSUCEP)
- Autorité de Régulation des communications Electroniques et de la Poste (ARCEP)
- Fonds d'Appui à la Production Audiovisuelle (FAPA)
- Commission Nationale pour le Développement des Médias
- Commission Nationale du Développement de la Poste, des Télécommunications et des Technologies de l'information et de la Communication

Ministère des infrastructures et des Transports

- Cabinet du Ministre
- Direction Administrative et Financière
- Direction de la Programmation et de la Prospective
- Directions Départementales
- Direction générale des infrastructures (DGI)
- Direction générale de la marine marchande (DGMM)
- Direction des transports fluvio-lagunaires
- Direction des ports
- Direction des études et de la qualité
- Agence Nationale des transports terrestes (ANTT)
- Agence nationale de l'aviation civile (ANAC)
- Agence pour la sécurité de la navigation aérienne en Afrique et à Madagascar (ASECNA)
- Agence nationale de la météorologie
- Centre national d'essais et de recherches des travaux publics (CNERTP)
- Centre national de sécurité routière (CNSR)
- Bureau des enquêtes-incidents
- Fonds routier (FR)
- Bénin rail
- Société du matériel des travaux publics (SMTP)
- Centre de formation des transports et des travaux publics
- Port autonome de Cotonou (PAC)
- Société béninoise des manutentions portuaires (SOBEMAP)
- Compagnie béninoise de navigation maritime (COBENAM)
- Conseil National des Chargeurs du Bénin (CNCB)

Ministères de l'Industrie du Commerce et de l'Artisanat

- Cabinet du Ministre
- Direction Administrative et Financière
- Direction de la Programmation et de la Prospective
- Directions Départementales
- Direction Générale du Développement Industriel
- Direction des Etudes et des Stratégies Industrielles
- Direction de la Promotion Industrielle
- Direction Générale du Commerce
- Direction du Commerce Intérieur
- Direction du Commerce Extérieur
- Direction de la Libre Concurrence
- Direction Générale du Développement des Entreprises
- Direction de la Promotion des Petites et Moyennes entreprises
- Direction de la Promotion de I'Artisanat
- Direction des organisations Professionnelles et des Institutions Consulaires.
- Agence Nationale de la Propriété Industrielle (ANaPI)
- Agence Nationale de Normalisation, de Métrologie et du Contrôle Qualité (ANM)
- Direction de la Normalisation et de la Promotion de l'Infrastructure Qualité (DNPIQ)
- Direction de la Métrologie (DM)
- Direction de l'Inspection et du Contrôle (DlC)
- Direction de l'Administration, de la Formation, de la Réglementation et des Activités Support (DAFRAS)
- Bureau de Restructuration et de Mise à Niveau des Entreprises (BRMN)
- Chambre de Commerce et d'Industrie du Bénin (CCIB)

- Société Nationale pour la commercialisation des Produits Pétroliers (SONACOP)
- Complexe Sucrier de Savè
- Société des lndustries Textiles du Bénin (SITEX)
- Compagnie Béninoise des Textiles (COBETEX)
- Complexe Textile du Bénin (COTEB)
- Centre de Promotion de l'Artisanat (CPA)
- Fonds de Développement de l'Artisanat
- <u>Agence Nationale des Petites et Moyennes Entreprises (ANPME)</u>
- Association pour la promotion et l'Appui aux Petites et Moyennes Entreprises
- Association pour la Promotion et l'Appui aux Développement des Micro-Entreprises
- Union des Chambres lnter-départementales des Métiers du Bénin
- Commission Tarifaire des Médicaments
- Commission lnter-institutionnelle chargée de la mise en application des accords de l'Organisation Mondiale du Commerce
- Commission Nationale chargée des relations de coopération entre les Pays d'Afrique, des Caraïbes et du Pacifique et ceux de l'Union EuroPéenne
- Commission de Contrôle des lnvestissements
- Commission Permanente d'Approvisionnement en Facteurs de Production, de Commercialisation des Produits Agricoles et du Commerce Général
- Commission Nationale de fixation des prix des produits pétroliers
- Commission de Commercialisation des Aides Alimentaires

Ministère des Sports

- Cabinet du Ministre
- Direction Administrative et Financière
- Direction de la Programmation et de la Prospective
- Directions Départementales
- Direction du sport d'élite
- Direction du sport et de la formation sportive
- Service de la formation, méthode et du contrôle qualité
- Service des manifestations sportives
- Service de la promotion du sport féminin
- Service du sport santé et adapté
- Service de l'éducation sportive non formelle
- Direction des infrastructures sportives et socio-éducatives
- Direction de la jeunesse, des loisirs et de la vie associative
- Office béninois du sport scolaire et universitaire
- Office de gestion des centres de loisirs
- Office de gestion des stades du Bénin (OGSB)
- Office de gestion du stade de l'amitié (OGESA)
- Office béninois des services de volontariat des jeunes (CNMS)
- Centre multimédia des adolescent(e)s et des jeunes du Bénin (CMAJB)
- Fonds national pour le développement des activités de jeunesse, de sport et de loisirs (FNDAJSL)
- Comité national olympique et sportif béninois (CNOSB)
- Conseil national du sport militaire et paramilitaire
- Conseil national de la jeunesse et des loisirs

Ministère de l'Energie l'eau et des Mines

- Cabinet du Ministre
- Direction Administrative et Financière
- Direction de la Programmation et de la Prospective
- Directions Départementales
- Direction générale de l'énergie
- Direction générale de l'industrie minière et pétrolière
- Direction de la recherche, de l'exploitation pétrolière et des hydrocarbures
- Direction des études, de la règlementation et de la coopération internationale
- Direction de la promotion, du cadastre et du développement du secteur minier
- Direction de l'inspection, du contrôle qualité et de la sécurisation des transports et distribution
- Direction générale de l'eau (DGE)
- Direction de la gestion des ressources en eau
- Direction des services publics de l'eau potable et de la régulation
- Direction des normes, de la veille technologique et de la prévention des risques
- Agence béninoise d'électrification rurale et de maitrise d'énergie (ABERME)
- Agence de contrôle des installations électriques intérieures (CONTRELEC)
- Agence nationale pour le développement des énergies renouvelables (ANADER)
- Société béninoise d'énergie électrique (SBEE)
- Société béninoise des hydrocarbures (SOBH)
- Office béninois de recherches géologiques et minières (OBRGM)
- Société nationale des eaux du Bénin (SONEB)
- Fonds national de l'eau (FNE)

- Agence de bassin de l'Ouémé (ABO)
- Agence de bassin du Mono-Couffo (ABM)
- Agence de bassin de la Volta-Pendjari
- Agence de bassin du Niger-Mékrou-Alibori-Sota
- Communauté électrique du Benin (CEB)
- Secrétariat général du système d'échanges d'énergie électrique ouest africain
- Cellule de l'association des producteurs du pétrole africain (APPA)
- Centre d'information et de la coordination du système d'échange d'énergie électrique ouest africain
- Autorité du gazoduc de l'Afrique de l'ouest (AGAO)
- Autorité du bassin du Niger (ABN)
- Autorité du bassin de la Volta (ABV)
- Autorité du bassin du Mono (ABM)
- Centre de coordination des ressources en eau de la CEDEAO (CCRE)
- Conseil des ministres africains en charge de l'eau (AMCOW)

Ministère du cadre de vie et du Développement durable

- Cabinet du Ministre
- Direction Administrative et Financière
- Direction de la Programmation et de la Prospective
- Directions Départementales
- Direction Générale des Eaux, Forêts et chasse (DGFRN)
- Direction Générale de l'Environnement et du climat
- Direction de la Gestion des Risques et d'Adaptation aux Changements Climatiques
- Direction de la Gestion des Pollutions, Nuisances et de la Police Environnementale

- Direction de la Protection des Berges et Cotes et de la Preservation des Ecosystèmes
- Bureau des Ressources
- Unité Focale de Programmation et de Suivi-évaluation
- Direction Générale du Développement Urbain
- Direction de l'urbanisme
- Direction de l'Assainissement et de la Voirie Urbaine
- Direction de la Cartographie
- Unité Focale de Programmation et de Suivi- Évaluation
- Direction Générale de I'Habitat et de la construction
- Direction de la Construction, de la Législation et de la Réglementation
- Direction de l'Habitat et de la Promotion des Matériaux Locaux
- Direction du Patrimoine Architectural National
- Unité Focale de Programmation et du Suivi-Évaluation
- Bureau des Ressources
- Direction de la Promotion des Métiers
- Service des Agréments, de la Catégorisation et du Suivi des Entreprises
- Service des Ordres et Associations professionnels
- Service de la promotion de la qualité des prestations
- Direction de la Promotion de l'Eco-citoyenneté
- Service des Productions
- Service des Stratégies et Programmes d'information et d'Éducation
- Service de Suivi-Évaluation
- Centre de l'information et de la Documentation
- inspections Forestières départementales
- Service de la Planification et du Suivi-Évaluation
- Service de la Conservation et de la promotion des Ressources Naturelles

- Service de l'intendance Forestière
- Agence Béninoise pour l'Environnement et le Climat (ABE)
- Agence pour la Réhabilitation de la Cite Historique d'Abomey (ARCHA)
- Agence de Réhabilitation de la ville de Porto-Novo (ARPN)
- Agence Foncière de I'Habitat (AFH)
- Centre d'Etude, de Recherche et de formation Forestières (CERF)
- Centre National de Gestion des Réserves de Faune (CENAGREF)
- Direction du Parc W Bénin
- Direction du Parc de la Penjari
- Centre National de Télédétection et de Suivi Ecologique (CENATEL)
- Commission Nationale du Développement Durable
- Délégation de l'Aménagement du Territoire
- Fonds National de Développement Forestier
- Fonds National de l'Habitat
- Fonds National pour l'Environnement et le Climat (FNEC)
- Institut Géographique National (IGN)
- Observatoire Urbain National (OUN)
- Office National du Bois (ONAB)

Ministère du Tourisme et de la Culture

- Cabinet du Ministre
- Direction Administrative et Financière
- Direction de la Programmation et de la Prospective
- Directions Départementales
- Direction du développement du tourisme
- Direction du patrimoine culturel
- Direction des arts et du livre
- Fonds des arts et de la culture (FAC)
- Bibliothèque nationale (BNB)
- Bureau béninois du droit d'auteur et des droits voisins (BUBEDRA)
- Festival international du théâtre du Bénin (FITHEB)
- Ensemble artistique national (EAN)
- Fonds national de développement et de promotion touristiques (FNDPT)
- Centre national du cinéma et de l'image animée (CNCIA)

LEGISLATIF

- Assemblée nationale
- Plénière
- Président
- Bureau
- Groupes parlementaires
- Commissions permanentes
- Conférence des Président

JUDICIAIRE

- Cour constitutionnelle
- Haute cour de justice

- Cour suprême
- Chambre administrative
- Chambre judiciaire
- Chambre des comptes
- Cour d'appel
- Tribunaux de première instance
- Tribunaux de conciliation

AUTRES

- Autres Institutions
- Haute autorité de l'audiovisuelle et de la communication (HAAC)
- Le conseil économique et social
- Le médiateur de la République
- Commission Electorale Nationale Autonome (CENA)
- Conseil d'Orientation et de Supervision de la Liste Électorale Permanente Informatisée (COS-LEPI)
- Agence Nationale de traitement (des données électorales)
- Agences indépendantes
- Commission nationale de l'informatique et des libertés(CNIL)
- Agence du numérique
- Association nationale des communes du Bénin (ANCB)

Généralités sur la fraude financière et les arnaques

Dallys Medali, Novembre 2017

La fraude est une forme de violence. Abuser financièrement de personnes qui ont déjà des difficultés pour joindre les deux bouts est un crime odieux. Malheureusement ce sont les pauvres qui sont les plus vulnérables aux fraudes et abus financiers non seulement parce qu'ils sont généralement moins éduqués et moins informés mais aussi parce qu'ils ont plus tendance à succomber aux promesses mirobolantes et à l'idée de l'enrichissement facile. Toutefois, le risque touche toutes les couches de la population. Que vous soyez riche ou pauvre, en ville ou au village, vous devez faire attention.

Les principaux types de fraudes financières sont :

- L'Escroquerie

- La Corruption

- La Faillite frauduleuse

- La Falsification d'états financiers

- La Fraude fiscale

- Le Blanchiment d'argent

- Le Délit d'initié

- Le Détournement de fonds ou de biens

- Les Abus de biens sociaux

- Les Appels d'offres frauduleux

- Les Arnaques électroniques

- Les Systèmes de Ponzi

- Les Systèmes pyramidaux

- Beaucoup d'autres

Les Systèmes de Ponzi

Un système de Ponzi est un montage financier frauduleux qui consiste à rémunérer les investissements des clients essentiellement par les fonds procurés par les nouveaux entrants. Si l'escroquerie n'est pas découverte, elle apparaît au grand jour au moment où elle s'écroule, c'est-à-dire quand les sommes procurées par les nouveaux entrants ne suffisent plus à couvrir les rémunérations des anciens clients. Elle tient son nom de Charles Ponzi qui est devenu célèbre après avoir mis en place une opération basée sur ce principe à Boston dans les années 1920.

Le système est viable tant que la clientèle afflue, attirée en masse par les promesses financières (et d'autant plus tentantes que les premiers investisseurs sont satisfaits et font une formidable publicité au placement). Les premiers clients, trop heureux de ce placement mirifique, replacent leur argent eux aussi, s'ajoutant à tous ceux qu'ils ont réussi à convaincre.

Le phénomène fait alors boule de neige, entretenu tant que l'argent rentre et permet de payer à 100 % tous les investisseurs. L'organisateur prend une forte commission, bien compréhensible lorsque l'on voit les promesses qu'il fait, et qu'il tient. Le système peut durer tant que la demande suit la croissance exponentielle. Lorsque les nouveaux arrivants se raréfient, la dynamique de la chaîne se brise, la bulle éclate : les derniers investisseurs sont spoliés. Les gagnants sont ceux qui ont quitté le navire à temps.

Le cas le plus célèbre est le cas Madoff. L'homme d'affaires américain Bernard Madoff, président-fondateur d'une société d'investissements a créé un système de Ponzi qui a fonctionné pendant 48 ans, de 1960 à la crise financière de 2008. C'était un gérant de hedge-fund qui promettait des retours sur investissements relativement élevés, de l'ordre de 8 à 12 % par an. Ce qui sortait le plus de l'ordinaire avec les performances qu'affichaient ses fonds était l'absence de retours négatifs sur de très longues périodes et une volatilité (l'équivalent du risque de l'investissement) très faible. Autre indice alarmant, à la clôture de chaque exercice, Madoff déclarait être liquide, c'est-à-dire détenir tous ses avoirs en liquidités, et ainsi ne publia jamais de relevés indiquant la quelconque possession de titres financiers. Enfin, les titres sur lesquels il disait investir, notamment des options sur indices, n'étaient pas assez liquides pour « absorber » les volumes qu'un fonds de la taille de celui de Madoff aurait engendrés.

Il y a eu des cas aussi destructeurs dans une multitude de pays y compris: France, États-Unis, Russie, Japon, Colombie, Liban, Canada, Bénin, Tunisie, Mexique, etc. Au Bénin, l'affaire ICC Services dévasta les économies de nombreux ménages et faillit emporter un régime politique dans ses mailles.

Il faut noter le rôle important que peuvent jouer les églises, groupements religieux et autres fraternités comme vecteurs de propagation et d'enrôlement de victimes surtout dans les phases initiales. Pour Madoff c'était la communauté juive américaine, pour ICC services, c'était la communauté céleste béninoise.

Abus de biens sociaux

L'abus de biens sociaux est un délit qui consiste, pour un dirigeant de société commerciale, à utiliser en connaissance de cause les biens, le crédit, les pouvoirs ou les voix de la société à des fins personnelles, directes ou indirectes. La présence d'un élément matériel (la qualité de dirigeant et un usage abusif des biens, du crédit, des pouvoirs ou des voix de la société) et d'un élément moral (usage abusif à des fins personnelles directes ou indirectes et la mauvaise foi) sont nécessaires d'un point de vue juridique.

Appel d'offres frauduleux

Un appel d'offres est une procédure qui permet à un commanditaire (le maître d'ouvrage), de faire le choix de l'entreprise (le soumissionnaire qui sera le fournisseur) la plus à même de réaliser une prestation de travaux, fournitures ou services. Le but est de mettre plusieurs entreprises en concurrence pour fournir un produit ou un service.

La préparation d'un appel d'offres donne lieu à l'élaboration d'un cahier des charges, qui décrit :

- les besoins du maître d'ouvrage ;
- les grandes fonctionnalités et les usages attendus pour le produit ou service ;
- les exigences ;
- les contraintes propres à la maîtrise d'ouvrage.

Après la rédaction du cahier des charges, le maître d'ouvrage définit des lots de mise en œuvre, conformément à ses priorités. Chacun des différents lots sera soumis à divers appels d'offres. Ensuite, il faut définir les critères de choix. Il s'agit de définir les méthodes d'analyse des offres et de formaliser des grilles de sélection. On peut identifier différentes thématiques : coût, qualité, fonctionnalités, accompagnement, expérience du fournisseur, autres caractéristiques du fournisseur (local/étranger, présence, mécénat, etc), méthodologies, techniques et outils.

Les alternatives à l'appel d'offre sont le gré à gré après consultation et le gré à gré simple.

Il y a une multitude de fraudes qui peuvent entacher le processus d'appel d'offre :

- La publicité défaillante
- Les délais de remise des offres et des cahiers de charge
- Les conditions d'obtention des documents
- Les fuites organisées
- Surévaluation du coût du projet
- Sous-évaluation drastique du coût du projet (pour gagner à tout prix)
- Fraude dans l'élaboration des documents stratégiques
- Le bureau d'études ami ou appartenant au décideur
- Les études reprises plusieurs fois (sous prétexte de vérification)
- Les études non remises
- Les erreurs intentionnelles afin de tirer profit plus tard du budget des imprévus
- Les détournements de procédures y compris l'insertion de critères subjectifs d'évaluation ou de spécificités hors-norme
- L'omission de sections importantes dans les contrats
- La sur-facturation ou fausse facturation (majoration de la quantité de produits, majoration du nombre d'heures de travail,

majoration du prix unitaire, modification de la qualité des produits)

- o Commissions versées à des gens qui n'ont rien fait (commissions d'entremise), Commissions fictives, Salaires fictifs et Services fictifs (publicité, courtage, etc)

- o Le travail au noir (utilisé en direct ou par le biais d'un prestataire intermédiaire)

- o L'utilisation d'équipements nécessitant une maintenance onéreuse

- o Les remises non reversées au maître d'ouvrage

- o Modifications de commandes après facturation mais avant livraison afin d'altérer la qualité

- o Les Doubles paiements

- o La fraude fiscale

- o Les ententes illégales

Cavalerie

Une cavalerie est une escroquerie basée sur la collecte de nouveaux fonds et pour effectuer les remboursements des anciens fonds visant à donner confiance. Une vitrine fictive sert à expliquer les gains auprès des bailleurs de fonds qui sont généralement des institutions financières ou des entreprises (contrairement aux systèmes de ponzi dans lesquels les proies préférées des criminels sont les individus, quoiqu'ils acceptent les fonds de toute provenance).

L'exemple canonique est basé sur une fausse entreprise qui ouvre des comptes dans deux banques. Un premier emprunt est fait dans la première banque, l'argent sert à justifier auprès de la seconde banque la possibilité de faire un nouvel emprunt (plus gros), qui sert à payer le premier emprunt, etc. Le système s'écroule lorsque l'escroc n'obtient pas le énième prêt : il sait alors qu'il ne pourra pas rembourser le ou les prêts précédents qui lui restent et il est temps de clore l'escroquerie.

En crédit à la consommation, on parle de cavalerie lorsqu'un client prend un crédit à la consommation pour en rembourser un autre qu'il n'arrive plus à rembourser. En général, le nouveau crédit pris est plus cher que le premier, puisque plus facile à contracter. Le client entre alors dans une spirale négative : le second crédit n'est pas mieux remboursé que le premier, et le client est alors tenté de poursuivre la cavalerie, en trouvant un nouveau crédit à la consommation pour éponger le second. Ce procédé peut entraîner la faillite du client.

Blanchiment d'argent

Le blanchiment d'argent est un élément des techniques de la criminalité financière. C'est l'action de dissimuler la provenance d'argent acquis de manière illégale (spéculations illégales, activités mafieuses, trafic de drogue, d'armes, extorsion, corruption, fraude fiscale...) afin de le réinvestir dans des activités légales (par exemple la construction immobilière...). C'est une étape importante, car sans le blanchiment, les criminels ne pourraient pas utiliser de façon massive ces revenus illégaux sans être repérés.

La nécessité du blanchiment est liée à une infraction sous-jacente, c'est-à-dire une activité dont le revenu est considéré comme de l'argent sale (car illégal). Ces infractions sont listées par le Groupe d'action financière (GAFI) et dans le code pénal de chaque pays. Le noircissement d'argent est l'inverse du blanchiment d'argent, mais cette expression est moins courante.

Le blanchiment d'argent se fait généralement par trois étapes successives:

- La phase de placement, à l'occasion de laquelle l'argent d'origine criminelle est introduit dans le système financier ;

- La phase d'empilement, durant laquelle on accumule de nombreuses transactions pour réduire la traçabilité des fonds ;

- La phase d'intégration qui est la phase finale, consistant à intégrer les fonds dans des secteurs variés sous forme d'investissements.

Le blanchiment d'argent est facilité par l'utilisation de sociétés écran, l'existence de paradis fiscaux, le secret bancaire qui est poussé a l'extrême dans certains pays, et le fait que beaucoup de pays, entreprises et organisations ne sont pas suffisamment outillés en la matière.

Il faut noter que depuis les attentats du 11 septembre 2001 aux États-Unis, les efforts pour lutter contre le financement du terrorisme ont contribué à un renforcement des outils et des efforts pour lutter contre le blanchissement d'argent. Les banques et autres institutions financières, de même que les entreprises et activités qui collectent ou utilisent beaucoup d'espèces (cash) dans leurs activités sont de plus en plus aguerris et obligés dans certains pays par la loi, d'avoir une meilleure connaissance de leurs clients et de la source des fonds qu'ils acheminent.

Les principales techniques de blanchiment d'argent sont :

- Smurfing (dépôts répétitifs en espèces à divers endroits ou par diverses personnes)

- Complicité bancaire,

- Achat de biens au comptant,

- Transfert électronique de fonds,

- Achat de jetons de casinos ou de tickets de loterie,

- Amalgamation de fonds dans des entreprises légitimes (restaurants, bars, boîtes de nuit, hôtels, bureaux de change et compagnies de distributeurs automatiques, etc.)

- Raffinage (échange de petites coupures contre des grosses dans le but d'en diminuer le volume)

- Altération des valeurs de bien immobilier (acquis d'une personne disposée à déclarer un prix de vente sensiblement inférieur à la valeur réelle du bien et se faire payer la différence en argent comptant afin que le blanchisseur la vende à son prix réel)

- Auto-prêt (le blanchisseur prête son propre argent auprès d'un complice, documents de prêt à l'appui, pour créer l'illusion que l'argent du criminel est légitime)

Corruption

Selon Transparency International, «la corruption consiste en l'abus d'un pouvoir reçu en délégation à des fins privées». Cette définition permet d'isoler trois éléments constitutifs de la corruption :

- l'abus de pouvoir ;

- à des fins privées (soit la personne abusant du pouvoir, soit sa famille proche ou ses amis) ;

- un pouvoir que l'on a reçu en délégation (qui peut donc émaner du secteur privé comme du secteur public).

On peut distinguer la corruption active et la corruption passive ; la corruption active consiste à proposer de l'argent ou un service à une personne qui détient un pouvoir en échange d'un avantage indu ; la corruption passive consiste à accepter cet argent.

Un exemple classique est celui d'un homme politique qui reçoit de l'argent à titre personnel ou pour son parti de la part d'une entreprise de travaux publics et en retour lui attribue un marché public. L'homme politique pourrait être accusé de corruption passive : il a reçu de l'argent, alors que l'entreprise peut, elle, être accusée de corruption active. En revanche, si cet homme politique dirige une association ou une fondation d'entreprise, le versement d'argent sera considéré soit comme de la « corruption indirecte », soit comme une « participation complémentaire » par les autres acteurs.

Causes générales de la corruption : mauvaise gouvernance, impunité, faiblesse des institutions, faiblesse des salaires, facteurs culturels

- Mauvaise gouvernance : cadre législatif flou, système judiciaire inadéquat, manque de transparence et de responsabilisation, manque de liberté de la presse ;

- Absence de politique anti-corruption préventive et de prise de conscience de l'importance des questions comme l'éthique professionnelle, les conflits d'intérêts (pour éviter par exemple que les personnes entrent dans les conseils municipaux pour y défendre leurs propres intérêts fonciers, entrepreneuriaux ou autres ; manque de réflexe de se "désengager" de certaines décisions), le refus des cadeaux et autres avantages qui finissent par créer des relations troubles ou mal perçues par les tiers (y compris les cadeaux de fin d'année) ;

- Institutions faibles : fonctionnaires à forte autorité ayant peu de comptes à rendre, responsables officiels attirés par des rémunérations coupables et ayant des salaires faibles, facteurs culturels ayant trait au mode de contrôle dans l'administration ou à la croyance au « droit aux bénéfices » des responsables administratifs.

- Faibles salaires : l'administration publique de nombreux États prévoit des salaires relativement faibles pour certains de leurs agents ; typiquement les médecins, les policiers, les douaniers, par exemple, sont les victimes faciles de systèmes où la culture admet qu'il n'est pas besoin de les payer correctement étant donné qu'ils peuvent tirer un avantage occulte de leurs fonctions.

- Culture administrative et corporatiste peu propice générant des craintes et qui dissuade toute dénonciation (ou simple remise en cause d'un système affecté) par les éléments intègres ou simplement désireux d'appliquer les règles existantes ; esprit de revanche du groupe et des supérieurs imposant des sanctions déguisées au lieu de valoriser l'intégrité (d'où la nécessité de véritables mesures et politiques de protection de la vie professionnelle des « lanceurs d'alerte » et éventuellement de leurs proches).

- Aspects culturels : le développement de la corruption est quelquefois attribué partiellement à des perversions de valeurs culturelles, lorsque par exemple la notion de respect ou de soumission à l'autorité est détournée de ses objectifs.

L'économiste Robert Klitgaard a posé l'équation schématique suivante en ce qui concerne la corruption : Corruption = Monopole + Pouvoir - Transparence

On distingue la grande et la petite corruption. La grande corruption est une corruption à haut niveau où les décideurs politiques créant et appliquant les lois utilisent leur position officielle pour promouvoir leur bien-être, leur statut ou leur pouvoir personnel ; la petite corruption est la corruption bureaucratique dans l'administration publique.

La Banque mondiale retient les formes suivantes de corruption :

- Les « dessous de table » : ce sont des versements à des responsables officiels afin qu'ils agissent plus vite, de façon plus souple et plus favorable.

- La « fraude » : c'est la falsification de données, de factures, la collusion etc.

- « L'extorsion » : c'est l'argent obtenu par la coercition ou la force.

- Le « favoritisme » (« Népotisme », « Collusion ») : c'est le fait de favoriser des proches.

- Le « Détournement de fonds » : c'est le vol de ressources publiques par des fonctionnaires.

Le financement des partis : Trouvant que le financement public est insuffisant pour emporter les élections, certains partis politiques s'efforcent d'obtenir une contribution financière des entreprises, tout particulièrement celles dont l'activité économique dépend de l'obtention de commandes, d'autorisations ou de subventions des instances publiques. C'est aussi de la corruption.

Termes désignant la corruption au Bénin et dans d'autres pays francophones: Pot-de-vin, dessous-de-table, caillou sur la feuille, enveloppe, graissage la patte, commission, pourboire, 10%.

Transparency International publie son indice de perception de la corruption (IPC) annuellement. Basé sur différents sondages et enquêtes réalisés par des organismes indépendants, le rapport relève que les trois quarts des 180+ pays étudiés sont perçus comme gravement corrompus.

Généralement, les dix pays les moins corrompus sont : Danemark, Nouvelle-Zélande, Singapour, Suède, Canada, Pays-Bas, Australie, Suisse, Norvège. Les pays les plus corrompus sont souvent: Somalie, Corée du Nord, Birmanie, Afghanistan, Irak, Ouzbékistan, Turkménistan, Soudan, Tchad, Burundi, Guinée.

Le Bénin oscille à la 80e place c'est-à-dire en milieu de peloton.

Détournement de fonds ou de biens

Le détournement de fonds est l'appropriation frauduleuse de biens par une personne pour son propre intérêt à qui l'on avait fait confiance pour gérer l'argent et les fonds détenus par un autre individu ou par une organisation tierce. Les fonds peuvent être des fonds sociaux ou des fonds publics.

Exemples notables en France :

- Jacques Chirac est reconnu coupable de détournement de fonds le 15 décembre 2011 dans l'affaire des emplois fictifs de la mairie de Paris.

- Christine Lagarde du FMI et l'affaire Tapie

- Pénélope et François Fillon mis en examen pour emploi fictifs, détournement de fond public et abus de biens sociaux

Exemples notables au Bénin :

- Disparition de 3 milliards de FCFA d'aide néerlandaise allouée aux projets d'eau

- Scandale de la SONEB avec plus de 261 millions de FCFA disparus

Faillite frauduleuse

Une faillite est dite « frauduleuse » quand le « failli » se déclare en faillite tout en dissimulant à son profit et/ou au profit d'autres personnes une partie de l'actif, ou s'il est reconnu débiteur de sommes qu'il ne devait pas. Le failli peut être une personne morale de droit privé ou une entité commerciale, tel qu'un groupe d'artisan, un gérant, un dirigeant, un liquidateur, un responsable de coopérative agricole, un cabinet, un groupe industriel voire une entreprise multinationale ou l'une de ses filiales, etc.

Fraude fiscale

La fraude fiscale est le détournement illégal d'un système fiscal afin de ne pas suffisamment contribuer aux cotisations publiques. Il s'agit du fait de se soustraire ou tenter de se soustraire, frauduleusement, au paiement total ou partiel de l'impôt. La fraude fiscale suppose une intention délibérée de fraude et des éléments matériels (omission ou insuffisance de déclaration, erreur délibérée, organisation d'insolvabilité ou autres manœuvres, par exemple).

Par contraste, **l'optimisation fiscale** est l'utilisation, par des moyens légaux, de failles du système fiscal afin de réduire le montant de l'imposition. **L'évasion fiscale** comprend à la fois la fraude et l'optimisation fiscale.

Trafic d'influence

Le trafic d'influence est un délit qui consiste, pour un dépositaire des pouvoirs publics, à recevoir des dons (argent, biens) de la part d'une personne physique ou morale, en échange de l'octroi ou de la promesse à cette dernière d'avantages divers (décoration, marché, emploi, arbitrage favorable...). C'est une forme de corruption.

Escroquerie

Escroquerie - La prisonnière espagnole est un type d'escroquerie qui remonte à l'Espagne du XVIe siècle. Un seigneur recevait un message du type « Une princesse espagnole très riche et très belle est détenue par les Turcs, envoyez telle somme d'argent pour la libérer et elle viendra vous épouser ».

Remaniée, la technique est appliquée au XIXe siècle sous le nom de lettre de Jérusalem, puis renouvelée au XXIe siècle, où elle se retrouve notamment dans les courriels et les SMS sous forme d'arnaque électronique (Fraude 4-1-9).

Si les variantes sont très nombreuses, le concept de cette escroquerie est toujours de faire croire à la victime qu'elle recevra une énorme récompense à condition qu'elle accepte d'avancer une certaine somme d'argent. Un élément romantique y est ajouté afin de diminuer la vigilance de la victime.

Cette technique est utilisée de façon très habile sur des sites de rencontre gratuits, dans le but de soutirer une coquette somme d'argent en un temps record. L'escroc, qui se fait passer pour une jeune et jolie femme envoie un message où il donne une adresse email privée. La victime, un homme lui répond et une correspondance privée s'engage. Au début la femme raconte sa vie, donne des éléments de sa vie, et raconte ses déceptions, et l'envie qu'elle a de rencontrer quelqu'un de bien. Elle envoie également quelques photos. L'homme victime répond et rentre alors dans une correspondance suivie. Il ne se doute de rien, parce que les mails sont très plausibles et l'escroc s'arrange parfois pour y mettre quelques réponses à des questions posées. Progressivement, la femme semble tomber amoureuse, et expose des idées de mariage, disant à l'homme que celui-ci est l'homme de sa vie, elle veut absolument le rencontrer. Elle a l'impression qu'ils sont faits l'un pour l'autre. L'homme y croit, et arrive le moment de la rencontre. Mais au dernier moment, un problème énorme se présente, et la femme demande de l'argent pour résoudre le problème. L'homme célibataire, déjà presque amoureux à distance, et voulant absolument rencontrer la personne, hésite, puis finit par envoyer de l'argent. Une fois l'argent envoyé, plus aucune nouvelle. L'escroc a réussi son coup.

Une variante de la précédente escroquerie consiste à faire croire au « pigeon » qu'une jeune et belle femme russe est traquée par la mafia qui l'a enlevée et battue (la femme porte des traces de violence physique) dans le but de la prostituer ; de surcroît les « proxénètes » menacent la famille de la jeune femme restée au pays de représailles sanglantes en cas d'indocilité de celle-ci. Pour plus de crédibilité de l'histoire, l'homme victime de l'escroquerie sera en contact physique avec les mafieux, qui le menaceront et le mettront à l'amende pour qu'il puisse « racheter la liberté » de la jeune femme (le « pigeon » ne doutera pas de l'existence des mafieux). La menace pesant sur la famille de la jeune femme le dissuadera d'avoir recours à la police. Après le paiement la jeune femme disparaîtra. La transaction étant réglée en espèces, sa traçabilité sera quasi nulle.

Ces arnaques reposent sur la création de liens affectifs forts qui sortent de toute logique habituelle et font appel à des émotions intenses. Ces émotions sont suscitées en ayant recours à des photos attractives, des profils de rêve sur des sites de rencontre, des lettres flatteuses, etc. La stratégie consiste principalement à obtenir de la victime qu'elle tombe amoureuse et ait envie d'être avec l'arnaqueur. La promesse d'un mariage est courante.

Escroquerie - L'arnaque à l'irlandaise est un type de vol par ruse. Plusieurs individus se présentant comme irlandais, parfois constituant ou semblant constituer une famille, se présentent aux victimes en leur racontant s'être fait voler leurs biens (papiers, argent et cartes) et ayant besoin d'argent pour faire le plein de carburant afin de rentrer en Irlande tout en leur assurant qu'il les rembourseront très rapidement - proposant éventuellement une reconnaissance de dette.

Escroquerie - Le Hameçonnage (phishing) : par email (ou spam) incitant à :

- Collaborer à des transferts d'argent ou

- Communiquer ses données bancaires sous prétexte de vérification en se faisant passer pour une banque ou une société ayant pignon sur rue (hameçonnage) ou

- Acheter d'obscurs titres cotés en bourse afin de faire monter leur cours au profit d'un escroc qui pourra les vendre au prix fort (agiotage ou bouilloire).

Autres formes d'Escroquerie

- Escroquerie à l'assurance
- Le Vol d'identité
- La Fraude de cartes de crédit
- La Fausse loterie
- La Demande de dons frauduleux

- ○ Émission intentionnelle de chèque sans provision

- ○ La carambouille (vente d'un produit qui n'appartient pas au vendeur)

- ○ Escroquerie sur l'investissement FOREX et la bourse

- ○ Et bien d'autres

Les Systèmes pyramidaux

La vente pyramidale est une forme d'escroquerie dans laquelle le profit ne provient pas vraiment d'une activité de vente comme annoncé, mais surtout du recrutement de nouveaux membres. Le terme « pyramidale » identifie le fait que seuls les initiateurs du système (au sommet) profitent en spoliant les membres de la base.

Ce système se camoufle fréquemment derrière les termes de «marketing multi-niveaux» ou «commercialisation à paliers multiples» (en anglais multi-level marketing ou « MLM »), bien que des différences fondamentales existent, qui permettent à certains pays d'interdire la vente pyramidale alors que la vente multi-niveaux reste permise (en France par exemple).

Le système de vente pyramidale peut être décelé par une disproportion entre la valeur réelle d'un bien à vendre («paquet») ou l'opacité qui entoure ce paquet, et l'argent procuré par le système de filleuls.

L'internet connaît ses propres versions de systèmes pyramidaux, notamment avec le fameux spam « MMF » (Make Money Fast).

Articles et essais sur l'Énergie et l'Environnement

Réflexions sur la vente illicite des produits pétroliers
Mireille Dimigou, Septembre 2017

La vente illicite des produits pétroliers (communément appelée Kpayo) est facilitée par la proximité des frontières nigérianes le long du corridor Est du Bénin. Les relations commerciales des ethnies Yoruba et Nago vivant dans deux pays différents juridiquement mais partageant la même culture ont servi de base au fleurissement de ce commerce. (SOSSOU-AGBO 2011)

Du côté nigérian, les subventions accordées par le gouvernement aux revendeurs permettent la vente des produits pétroliers aux stations frontalières à un prix compétitif moins cher que le prix de vente sur le territoire béninois. Cela permet aux acteurs intervenant dans la vente illicite, de couvrir toutes leurs dépenses et de faire des bénéfices énormes une fois qu'ils entrent au Bénin.

Du côté béninois, les autorités douanières n'arrivent pas à mettre la main sur les contrebandiers car ceux-ci alternent entre frontières terrestres poreuses et voies fluviales. Ceux-ci ont des itinéraires et un timing bien ficelés pour leurs opérations. Ceci leur permet de déjouer la vigilance des autorités douanières et des garde-côtes.

La lutte contre le fléau du Kpayo a été une question prioritaire pour une succession de gouvernements au Bénin, mais une forte résistance a été montée par les contrebandiers. Un certain nombre de facteurs expliquent la perduration du phénomène.

Nous pouvons les résumer dans les points suivants:

1. La réinsertion des acteurs dans l'agriculture ou d'autres activités génératrices de revenus ne leur rapporterait pas autant que leur commerce actuel. (LARES, 2011)

2. Les mini-stations-service proposées comme remplacement pour les stands de Kpayo (et leurs fameuses bouteilles d'essence frelatée, alignées à l'air libre) sont trop chères. Elles nécessitent un investissement initial important.

3. Certains arrondissements et communes perçoivent une taxe sur la vente de l'essence frelatée, ce qui amène les acteurs à croire que leurs activités sont légales et approuvées par les autorités. Il existe aussi une association des vendeurs d'essence (Association des Importateurs, Transporteurs, Revendeurs de Produits Pétroliers, AITRPP) ce qui imprime une touche additionnelle de légalité au secteur du point de vue des acteurs. (CORNEILLE, 2011)

4. La suppression de ce secteur illégal d'activités entraînerait une recrudescence de la criminalité puisqu'une bonne partie des acteurs sont des anciens prisonniers.

Comme propositions à la résolution du problème, il a été suggéré que l'accent soit mis sur les effets néfastes de la vente des produits pétroliers sur:

- La santé: les revendeurs usent des tuyaux sales pour aspirer le produit pétrolier d'un bidon à un autre, ce qui entraîne une absorption du liquide par ceux-ci.

- Les infrastructures routières : les voies publiques sont endommagées par les produits pétroliers qui laissent des tâches graisseuses sur les bords des voies où s'installent les revendeurs avec leurs marchandises pétrolières.

- La recrudescence des incendies: le stockage des produits pétroliers dans des entrepôts de fortune, surtout les maisons habitées entraînent fréquemment des incendies laissant constater des pertes en vies humaines et en biens matériels.

- Les infractions au code de la famille: parmi les revendeurs, il y a des enfants de moins de 15 ans qui sont appelés à aider leurs parents. En mettant l'accent sur le travail des mineurs, le gouvernement pourrait interdire le travail de ces enfants. (CORNEILLE, 2011)

Une autre proposition qui revient souvent est l'importance de la fourniture des produits pétroliers dans tous les quartiers et hameaux du pays, et sur chaque kilomètre. Les acteurs de la vente illicite des produits pétroliers se sont organisés de telle sorte que leurs points de vente sont plus nombreux que les stations-services légales et sont installés à proximité des zones résidentielles et zones de travail. Même dans les recoins les plus éloignés du pays, le Kpayo est accessible. Cela leur permet de desservir une énorme partie de la population, qui est de ce fait satisfaite de la proximité des points de vente et des prix abordables proposés par les revendeurs. Le développement d'une offre formelle accessible sera important pour déraciner le Kpayo.

Le recensement des revendeurs: ils ont une association qui pourrait être utile pour octroyer à chaque acteur un identifiant unique. Cela permettrait de déterminer le nombre approximatif d'acteurs, de préparer des statistiques complètes et plus fiables, et de percevoir des taxes sur leurs activités. Un autre avantage d'une telle mesure sera une meilleure estimation du nombre de personnes à réinsérer dans d'autres activités génératrices de revenus, et le coût potentiel d'une telle initiative.

Avec l'avènement du gouvernement de la Rupture sous le Président Talon et de son souci de moderniser les villes, le préfet du Littoral

Toboula a demandé aux vendeurs informels de libérer les bords des voies principales réorientant ceux-ci vers des artères plus éloignées des grandes voies. Cette mesure générale qui a été étendue à d'autres préfectures notamment dans les principales villes a eu un impact direct sur les acteurs du Kpayo en milieu citadin. Quelques vendeurs qui persistent à rester sur les tronçons principaux (goudrons) sont actuellement au niveau des routes Godomey-Hilacondji et Godomey-Parakou. Leur clientèle est constituée de camions transporteurs d'une part et d'autre part des habitants de ces zones dortoirs.

Certains revendeurs de gasoil ont récemment pris l'initiative d'installer des mini-stations-service de vente de gasoil fournissant les véhicules et camions. Cela prouve que la transition est possible et les vendeurs d'essence peuvent suivre et se conformer. De ce pas ils assureront une meilleure conservation de leurs produits et pourront régulariser leur statut.

En outre, la suppression progressive des motos à 4 temps (surtout les motos MATE 50 et 90) qui produisaient une énorme fumée polluante et l'utilisation actuelle plus fréquente des motos 2 temps (comme les motos BAJAJ utilisées surtout par les zémidjans) a permis la disparition d'une variété d'essence frelatée appelée communément « mélange ».Ce qui est un grand pas dans la disparition de certains produits pétroliers illicites.

Pendant le deuxième semestre de l'année 2017, le gouvernement a commencé par prendre des mesures pour la réduction des coûts des produits pétroliers dans les stations-services pour permettre à un grand nombre de personnes de pouvoir s'y approvisionner. Cette action suivie d'une expansion des stations-services permettra sûrement d'approvisionner un nombre important de consommateurs

En conclusion, il y a un réel changement qui est en train de s'opérer. Un avenir sans le commerce informel de l'essence frelatée est désormais envisageable.

Bibliographie :

Dynamique territoriale à la frontière bénino-nigériane: rôle des marchés du Sud-Est. Anani Lazare SOSSOU-AGBO. Brit XI, Sep 2011, Genève / Grenoble, France. pp.23, 2011.

Encadrer le commerce des produits pétroliers un véritable défi pour l'état du Bénin, Adrien Corneille, Mémoire de Master Analyse et politique économiques, 11 aout 2011

Etude de la SONACOP ; Marché des produits pétroliers au Benin, LARES, Pr.John O.IGUE, Dr.Bio Goura SOULE, Dr.Servais AFOUDA, Sanni GANSARI, revue 027-2011

Place du carburant nigérian

dans le réservoir socio-économique béninois

Donald Houndjo, Septembre 2017

Le Programme d'Action du Gouvernement béninois pour la période de 2016-2021 comporte dans son chapitre premier des sections sur le renforcement des capacités énergétiques, l'amélioration des transports et la promotion du développement durable (cf. respectivement au chapitre 1er section IV.4.1, section IV.4.5 et section VII.7.4 du PAG 2016-2021). Ce programme décrivant la trame stratégique de développement qu'adoptera le gouvernement pendant cette période de 5 ans, il est important d'identifier les leviers qui permettront d'atteindre les objectifs spécifiques. Ce document aborde de façon sommaire la problématique de l'essence dite «frelatée» provenant du Nigéria au Bénin. Les trois points mentionnés précédemment et présents dans le PAG 2016-2021 de l'actuel gouvernement béninois sont très pertinents pour aborder ce «problème». En effet, il est évident que la question énergétique est indispensable pour permettre aux secteurs d'activités de bénéficier d'énergie à coût réduit et aux ménages d'améliorer leur bien-être. En outre, la question de l'énergie dans les transports est primordiale car il représente un poste important de coût qui mérite d'être réduit afin de garantir plus de compétitivité pour nos industries et plus de pouvoir d'achat pour les ménages. Enfin, le développement durable est un fil rouge qui doit imprégner toutes les initiatives de développement économique et humain, plus encore dans un contexte environnemental de plus en plus déprécié.

L'OPEP, organisation des pays producteurs de pétrole détenant un pouvoir de marché significatif, a constaté une baisse significative de son emprise sur le marché du pétrole et a observé une baisse importante du cours du baril suite à l'abondance de l'offre de pétrole. Ce cartel dont est membre le Nigéria démontre que les pays consommateurs comme le Bénin dépendent énormément des cours et des positionnements stratégiques de ces grandes puissances. Depuis fin 2016 et plus récemment, la décision de l'OPEP de baisser la production de pétrole afin de réduire l'offre et de permettre au cours du baril de repartir à la hausse démontre la forte dépendance de ce marché aux effets d'arbitrage. Dans un contexte régional, le Bénin n'a aucune ressource pétrolière et la majeure partie de ses besoins de consommation sont satisfaits par les produits importés par les gros groupes pétroliers tels que ORYX, BP et d'autres qui rachètent leurs barils à des cours internationaux.

Le Nigéria ayant un cours parfois deux fois moins cher que celui proposé par les stations essences de ces groupes internationaux, la loi de l'offre et de la demande définit vite la répartition des bénéfices. Cependant, le fait que l'importation de ce carburant soit prohibée, les importateurs se fournissent dans des conditions déplorant un haut risque d'accident. De plus, les détaillants commercialisent leurs produits aux abords des voies et ont été sujets à de nombreux accidents. Avec un peu de recul, on constate néanmoins qu'une simple règle de base s'applique, il existe une demande qui est prête à acheter au tarif le moins élevé. Divers offres existent, la moins cher étant accessible à faible coût logistique et des acteurs économiques à la recherche d'activités lucratives s'engagent à fournir cette demande. Cet état de fait génère un lien important et stratégique entre l'économie béninoise et l'économie nigériane. Une augmentation des tarifs au Nigéria induit presque mécaniquement une inflation au Bénin.

La problématique peut être abordée sous diverses facettes notamment celle de la forte dépendance énergétique du Bénin, des conditions sanitaires et du risque sécuritaire, et, le caractère «informel» de ce commerce représentant un important manque à gagner pour l'Etat.

La stratégie décrite dans le PAG 2016-2021 doit concevoir une nouvelle orientation de l'approvisionnement en énergie notamment dédiée aux transports. L'orientation vers des véhicules consommant d'autres sources d'énergie ou tout au moins une énergie moins polluante, plus accessible localement, est pressante. Il est difficile de prédire les orientations des marchés dont le Bénin est dépendant et on serait tenté de choisir le gaz naturel qui est un hydrocarbure existant en quantité plus importantes (réserves mondiales) que le pétrole. Cette solution nécessite un léger changement des infrastructures d'approvisionnement, de distribution et une adaptation des compétences humaines pour la maintenance des nouveaux véhicules. Malheureusement, il ne s'agit pas d'une solution à long terme mais elle pourrait rapidement permettre au Bénin de valoriser ce changement stratégique au titre des objectifs climatiques. Mieux encore, l'indépendance progressive viendrait par le développement d'une filière biogaz à partir des déchets alimentaires ou autres, ce qui attribuerait une fibre durable à la stratégie. Cette issue ambitieuse serait source d'emploi et permettrait au Bénin d'emboiter le pas sur la course au développement des technologies propres, un acquis qu'il valorisera auprès de divers pays. Le centre Songhaï à Porto-Novo est un exemple à suivre sur cet aspect.

Les conditions de commercialisation des produits «frelatés», actuellement à basse considération sanitaire et sécuritaire, sont étroitement liées au milieu socio-économique des acteurs. Toutefois, force est de noter que la marge entre le produit acheté au Nigéria et son prix de commercialisation étant très faible, les marges générées ne permettent pas aux acteurs de développer les infrastructures de sécurité nécessaires pour le stockage et la distribution de l'essence «frelatée». De plus, un manque de sensibilisation aux effets nocifs de la manipulation des hydrocarbures conduit les commerçants à développer des maux qu'ils pourraient éviter en utilisant de simples gants pour se protéger les mains ou en mettant des masques pour limiter l'inhalation d'effluents agressifs pour l'appareil respiratoire.

Le caractère informel de cette économie peut être jugé comme étant un problème en fonction du point de vue. L'État juge les commerçants d'essence «frelatée» comme étant des acteurs informels tandis que ces acteurs organisés en syndicat estiment que l'État n'entreprend rien pour leur donner des solutions de repli. En effet, ces derniers restent légitimes car le rôle de l'État est de garantir les conditions institutionnelles et réglementaires adéquates et pertinentes pour le développement de la filière. Pour ce faire, il a besoin de ressources pour développer les institutions et les infrastructures et inversement, les acteurs ont besoin de constater les résultats de leurs contributions avant d'intégrer l'économie formelle. Nous sommes dans une crise de confiance entre ces deux grandes entités du tissu économique béninois. En le formulant autrement: l'État veut des ressources de la part des acteurs pour améliorer les conditions de la filière et les acteurs entretiennent eux-mêmes leurs conditions sans l'État. Cet état de cause conduit à une nouvelle problématique que l'on peut formuler sous l'interrogation suivante: quelles incitations socio-économiques peuvent employer les pouvoirs publics pour inciter la filière de l'essence «frelatée» à intégrer l'économie formelle? Cette question demeure sans réponse.

Pour conclure, cette note n'a pas la prétention d'épuiser tous les aspects de la relation Bénin-Nigéria dans le domaine de l'énergie ; néanmoins, il remet sur la table des discussions, quelques grandes lignes à maintenir en vue de garantir au Bénin une indépendance énergétique progressive, un regain de compétitivité pour ses industries, la création de nouveaux emplois, le développement technologique, l'amélioration des conditions sanitaires et sécuritaires et d'autres externalités positives que l'on pourrait tirer de l'application d'une nouvelle politique énergétique.

En outre, dans un souci de considérer la demande en énergie et d'explorer les leviers de développement potentiels, un prochain article pourra mettre en avant l'intensité énergétique de l'économie béninoise à travers un indicateur pertinent (par exemple le kWh par unité de PIB brut généré) et les solutions à développer afin de maitriser la consommation énergétique.

Note pédagogique sur le pétrole brut

Donald Houndjo, Septembre 2017

La chaîne de valeur du pétrole

La chaîne de valeur de l'industrie du pétrole se décompose en 4 grands niveaux :

L'exploration

Elle représente la phase de prospection caractérisée par des études géologiques (par sondes sismiques) et des forages exploratoires. Elle a pour objectif d'identifier les sites potentiels et d'estimer le productible (en nombre de barils ou mètres-cubes exploitables).

L'upstream (E&P pour Exploration & Production)

Cette étape représente la phase de forage et d'extraction du pétrole brut. La capacité d'extraction d'une entreprise est estimée en nombre de barils/jour. Le coût d'extraction à cette étape est important car il est étroitement corrélé à la rentabilité de la société d'exploitation sur le marché. Certaines entreprises parlent d'E&P, fusionnant la phase d'exploration et de production en une seule, l'upstream. Il existe globalement des puits dits onshore (sur terre) et offshore (en mer), cette catégorisation étant elle-même subdivisée en fonction des structures formant la station.

Le midstream (logistique)

Cette étape représente les phases de transport et de stockage (ou de changement d'état pour le gaz, processus de liquéfaction/re-gazéification). Elle est moins importante dans l'industrie du pétrole. Les entreprises doivent s'équiper de terminaux généralement installés aux côtes maritimes ou fluviales.

Le downstream (raffinage du pétrole brut)

Ce niveau représente l'ensemble des transformations que peut subir le pétrole brut avant d'être commercialisé sous forme d'essence, de diesel, de kérosène et produits dérivés.

Propriétés du pétrole brut

Les propriétés du pétrole extrait dépendent des conditions géophysiques sous lesquelles il a été formé. Son classement suivant sa qualité permet de savoir quel type de raffinage conviendrait à son traitement et son coût de production.

Critères de qualification du pétrole brut

La densité du pétrole est mesurée par l'unité API gravity (provenant de l'American Petroleum Institute), plus l'API gravity est élevé moins le pétrole est dense. Les autres propriétés telles que le taux de soufre, de nitrogène et de résidus de carbone permettent également une classification des pétroles bruts. Enfin, les échelles de distillation représentent un critère supplémentaire de classification (notamment pour le caractère « frelaté » du carburant après l'étape de raffinage). A titre d'idée, plus le pétrole est riche en soufre plus il est nocif pour l'environnement et corrosif pour les équipements.

Qualifications et classifications conventionnelles du pétrole brut

On distingue principalement deux grands groupes de qualification du pétrole :

- Lourd ou Léger (Light or Heavy) : en fonction de la densité du pétrole. Le pétrole lourd est riche en métaux et souffre, et, est moins fluide. C'est une faible qualité de pétrole. Le Venezuela a ses réserves principalement composées de pétrole lourd.

- Acide ou doux (Sour or Sweet): en fonction du taux de soufre. Un taux de soufre supérieur à 0,5% par kg de pétrole correspond à un pétrole acide.

Les classifications conventionnelles du pétrole, et aussi les plus populaires, par ordre de qualité (classification proposée par OPEP dans sa publication I need to know, An Introduction to the oil industry & OPEC, (en 2013), sont :

1. Le WTI (West Texas Intermediate) représente la meilleure qualité de pétrole (léger et doux) actuellement extraite en Amérique du Nord.
2. Le Brent représente le baril de pétrole (159 L) extrait dans la mer du Nord (situé au Nord du continent européen, à l'Est de l'Angleterre). Les pétroles extraits en Afrique, en Europe et au Moyen-Orient sont également classés et valorisés au Brent.
3. L'Oman de Dubai représente généralement un pétrole acide extrait au Moyen-Orient et dans la région asiatique du Pacific.
4. Le Tapis représente le baril de pétrole léger extrait en Malaisie.

Articles et essais sur l'Économie et les Technologies

Le besoin en transfert de technologies au Bénin

Dallys Medali, Octobre 2017

La phase d'évolution actuelle du monde est entièrement axée sur la connaissance. La science a toujours eu un rôle capital dans l'essor et l'épanouissement des communautés, royaumes, empires et nations. Toutefois, pendant les deux derniers siècles, la dotation en ressources naturelles et en capital a été un déterminant prééminent de l'émergence et de la réussite des nations. Le vingt-et-unième siècle a vu la culmination d'un nouvel âge marqué par une accentuation de l'importance des avantages technologiques dans le succès économique et géopolitique des pays. Plus récemment, l'impact drastique de la chute vertigineuse des prix du pétrole et d'autres matières premières sur certaines économies riches en ressources naturelles a confirmé ce constat.

Pour ce qui est du Bénin, la survie même de la nation dépend du développement interne, de l'acquisition et de l'utilisation effective des technologies de pointe dans toutes les facettes de la société béninoise.

De tous les discours tenus par le Président Patrice Talon pendant sa campagne et à l'orée de son élection, une phrase en particulier a fait couler beaucoup d'encre et de sueur : celle qui suggérait que le Bénin était un désert de compétences. Contrairement à ce que certains ont pu penser, le Président ne niait ou ne remettait pas en cause la masse d'intellectuels dont regorge le pays. Il faisait plutôt allusion à certaines expertises et savoir-faire technologiques vitaux qui malheureusement ne sont pas actuellement disponibles dans le pays.

Ces challenges s'observent dans l'incapacité à résoudre certains problèmes récurrents qui affligent les populations (inondations saisonnières ou permanentes, érosion côtière, prolifération des anophèles qui sont des vecteurs de propagation de la malaria, mortalité néonatale élevée, faible espérance de vie, etc.) et dans la difficile maintenance et/ou réparation de certains outils, machines, équipements et usines installés à grands frais par l'État ou par les opérateurs économiques privés. Nous n'allons pas chaque fois qu'il y a un « petit » problème, faire voyager un expert de l'autre bout du monde pour nous aider. Nous n'allons pas non plus continuer de laisser moisir et mourir les rares fleurons de notre industrie, pour des pannes qui sous d'autres cieux se règlent en quelques heures. Le problème étant clairement posé, il importe de présenter les actions concrètes que nous devons mener.

Le volume de connaissance scientifique librement et gratuitement disponible sur internet est monumental. Il n'y a pas de raison pour ne pas y puiser. Il faut aussi qu'on fasse la vulgarisation et la traduction de ces informations dans les langues principalement parlées dans le pays (Fon, Français, Yoruba, etc..). Il y a également tout ce qui n'est pas encore sur internet mais qui est déjà dans le domaine public libre du fait de l'expiration des brevets et autres protections. Ces informations gisent sous forme de papier ou d'autres supports physiques dans les archives d'entreprises, d'universités et d'agences gouvernementales à travers le monde. Elles sont progressivement mais lentement en train d'être numérisées.

Tous les béninois, surtout ceux de la diaspora et les amis du Bénin devraient être encouragés à s'enquérir de ces documents, savoirs et technologies; et à les obtenir par tous les moyens légaux. L'accent devrait être mis spécifiquement sur les outils et informations pertinent(e)s au programme d'action du gouvernement, et à la survie du pays en général.

Le gouvernement devrait considérer la création d'un portail numérique pour que ces données convenablement identifiées et étiquetées puissent être réceptionnées et acheminées vers les agences, services étatiques, universités ou entreprises locales pour lesquels elles sont le plus pertinentes.

Il y a aussi une grande portion des savoirs universels qui est accessible semi librement par le biais d'outils particuliers ou contre paiement de sommes raisonnables. Il faudrait aussi profiter de ces ressources dont la majeure partie est actuellement en langue anglaise. Cela suppose que la maitrise de l'anglais ne soit plus considérée comme un luxe ou une formalité, mais plutôt comme une nécessité à tous les niveaux d'enseignement. Le gouvernement semble avoir pris conscience de ce fait et travaille déjà dans cette direction.

Il faudra étendre voire universaliser l'accès (payant ou gratuit selon les cas) à une couverture internet de qualité pour débloquer les portes de la connaissance. Ici aussi, nous avons noté que le gouvernement met déjà pression sur les opérateurs GSM et toutes les parties concernées, et les assiste afin que le débit et la disponibilité de l'internet soit significativement augmentée.

Un proverbe populaire en Asie et en Afrique dit que celui à qui on donne un poisson mange une seule fois, mais que celui à qui on apprend à pêcher, mange pour le reste de sa vie. Les discussions avec les pays et institutions amis du Bénin doivent désormais se focaliser principalement sur les technologies et savoir-faire que le Bénin juge critiques pour son développement. C'est d'ailleurs cette optique qui devrait dicter nos démarches diplomatiques et nos alliances géostratégiques. Il ne s'agit pas d'éradiquer les dons classiques et les prêts, mais même ces dons (lorsqu'il s'agit par exemple d'équipements et d'installations) doivent inclure un transfert de technologies et de compétences devant permettre de les entretenir et de les réparer convenablement, ou même de les produire sur place si possible.

Les opportunités d'études et de stages professionnels à l'étranger, dans les meilleures universités, dans des domaines bien ciblés, devraient se multiplier. Les formations théoriques diplômantes devront dans la mesure du possible être complétées par un stage professionnel concret de courte ou longue durée, avant le rapatriement des talents vers le pays d'origine, le Benin. Cette stratégie a été vitale pour l'essor de Singapour. De façon générale, l'éducation est l'un des centres d'intérêts principaux du think-tank Bénin du Futur et nous avons plusieurs publications finalisées ou en cours de développement sur cette thématique.

Dans le cas de grandes infrastructures comme l'aéroport de Glo-Djigbé et d'autres grands chantiers du programme d'action gouvernemental, l'implication et la formation de la main d'œuvre locale et des cerveaux locaux est indispensable.
Dans les pays BRICS, notamment la Chine et la Russie, et dans une moindre mesure l'Inde et l'Afrique du Sud, les grands projets doivent obligatoirement impliquer une joint-venture avec un partenaire local à qui l'acteur principal doit même parfois céder ou confier certaines propriétés intellectuelles vitales à la réalisation et à la pérennisation du projet. Plusieurs facteurs incitent les multinationales à respecter ce genre de politique, notamment l'existence de langues propres et

distinctes dans ces pays (c'est le cas de la Chine et de la Russie par exemple), la taille du marché cible, le poids et l'influence géopolitique du pays hôte et l'existence sur place de main d'œuvre qualifiée pour travailler avec les cadres des multinationales qui viennent opérer dans les pays. Les « petits » pays africains auraient de ce fait plus de succès en s'unissant dans des blocs régionaux plus compacts ou en s'associant simplement de façon ad hoc dans le cadre spécifique de certains projets communs à plusieurs d'entre eux.

Enfin, la défense des intérêts nationaux passe parfois par des actions stratégiques et des mesures plus proactives. Si une technologie vitale ne peut être acquise par l'achat, l'obtention d'une licence d'utilisation, la recherche en ligne, dans des journaux scientifiques spécialisés, le partenariat avec des universités, institutions ou pays dans le monde, le Bénin devra quand même trouver des solutions alternatives pour obtenir ces technologies, où qu'elles se trouvent.

La Russie envoya Yuri Gargarin, le premier homme dans l'espace le 12 Avril 1961. Les États-Unis envoyèrent Alan Shepard, le deuxième homme dans l'espace le 5 Mai 1961.
Les États-Unis détonnèrent la première bombe atomique en 1945 dans le Nouveau Mexique. La Russie détonna sa première bombe atomique en 1949, au bout de quatre ans. L'Angleterre en 1952, la France en 1960, Israël en 1963 (avec l'aide technologique directe et secrète de la France), la Chine en 1964 (avec l'aide technologique directe et ouverte des russes), l'Inde en 1974, l'Afrique du Sud en 1979 (avec l'aide technologique directe et secrète d'Israël) détonnèrent aussi leurs premières bombes, suivies par le Pakistan (1998), la Corée du Nord (2006), et d'autres pays qui ont essayé sans succès.

Ce n'est pas par hasard ou uniquement par le biais de la recherche scientifique intérieure que les nations réalisent ces progrès. Elles utilisent la coopération bilatérale stratégique. Elles espionnent.

Avant et après la guerre de Corée, la Corée du Nord était beaucoup plus riche et développée que la partie Sud de la péninsule (actuelle Corée du Sud). Aujourd'hui la Corée du Sud est l'un des pays les plus prospères au monde. Cette transformation, tout comme celle du Japon plus tôt, ne s'est pas faite sans un transfert massif et délibéré de technologies occidentales pour amorcer le décollage du pays.

Lors d'une récente rencontre avec de jeunes écoliers russes, le Président Vladimir Poutine a indiqué que le pays qui maîtrisera l'intelligence artificielle et les technologies afférentes, dominera le monde. Cette déclaration a suscité de vifs débats dans la presse internationale et dans les médias scientifiques, mais elle est passée presque inaperçue au Bénin. A Dubaï par contre, le gouvernement a décidé dans les jours suivants de nommer un ministre chargé de l'intelligence artificielle.

C'est maintenant plus que jamais que nous devons nous positionner en veille permanente pour obtenir, créer et adopter de façon proactive et décentralisée ces technologies du présent et du futur qui détermineront la destinée du Bénin et de la race humaine.

Le protectionnisme: une solution pour les producteurs locaux?

Spero Houngbe, Octobre 2017

Le Larousse définit le protectionnisme comme un système consistant à protéger l'économie d'un pays contre la concurrence étrangère au moyen de mesures tarifaires (droits de douane) et non tarifaires (quotas, contingents, normes, subventions à l'exportation).

Le protectionnisme devrait donc permettre à un pays, une économie ou un espace économique de protéger ses industries et acteurs de l'économie locale.

Dans le cas du Bénin, le protectionnisme pourrait être un outil pour favoriser les producteurs locaux comme les éleveurs de volaille ou bien d'autres.

- les Barrières douanières sous forme de droits de douane payés au cordon douanier chaque fois que nous importons des marchandises comme du vin tout simplement;
- les Barrières non douanières sous forme de réglementation liée à l'importation, les normes comme celles sur la mise en consommation de produits sur le territoire national du Bénin

Au Bénin, tous les secteurs d'activités ont besoin d'être protégés. Par exemple, le secteur primaire, entendez les activités liées à l'exploitation de ressources naturelles, représentait 23,5% du PIB en 2014. Les "outputs" de ce secteur sont par exemple le coton, les produits maraîchers (tomate, poivron, salade, oignon...) la noix de cajou, l'ananas et bien d'autres. Cependant il est surprenant de constater que le Bénin importe de manière significative des "outputs" du secteur primaire.

En 2016 le Bénin a importé de la tomate fraîche ou réfrigéré pour 10,648 millions de FCFA en provenance de la France, du Burkina Faso, du Nigéria; des oignons et échalotes frais/réfrigérés pour 110,665 Millions FCFA du Niger, de la Belgique, des Pays-Bas et du Nigéria.

Ces chiffres parmi tant d'autres montrent assez clairement que nos producteurs locaux n'arrivent pas à satisfaire la demande, mais aussi que nous manquons cruellement de politiques efficaces de protection de la production locale.

Une certaine frustration émerge lorsqu'on sait que dans le même temps seulement 33% des terres arables sont exploitées au Bénin en 2014, selon la banque mondiale. Le savoir-faire existe mais semble très peu vulgarisé. Quand nous avons la terre et le savoir-faire pourquoi continuons-nous à importer autant ?

En 2015, plus de 35% des importations concernent les produits agricoles. Les règles du commerce international se basent sur les compétences d'une économie, entendez par compétence la capacité du grand nombre à produire un service utile et donc à valeur ajoutée cessible à d'autres personnes de territoires économiques différents. La balance commerciale du Bénin est déficitaire depuis les indépendances et culmine à -11,57% du PIB en 2015.

L'autonomie alimentaire devrait être une priorité et ce faisant favoriser l'économie locale et limiter les importations
Le PAG (Programme d'Action du Gouvernement) prévoit la création de sept pôles de développement agricole (PDA) avec des réformes importantes dans le secteur agricole. En attendant de voir la réalisation de ces actions qui vont tendre à améliorer la production

nationale, il serait bien de mettre en place des actions de barrières non tarifaires pour protéger nos producteurs nationaux et surtout pour sensibiliser à la consommation locale. Chaque espace économique essaie de se protéger des autres tout en favorisant la libre circulation des biens en son sein, c'est le cas de l'UEMOA.

Intéresser fiscalement la production locale

en exonérant par exemple de TVA les produits de première nécessité et/ou de grande consommation ou en fixant un taux de TVA plus faible sur la production locale, assortie d'outils de contrôle adéquat.

Créer une dynamique pour l'innovation dans des domaines aussi simple que la boulangerie et accompagner ces innovations par des subventions

En effet nous avons tous été témoins de la récente crise dans le secteur de la boulangerie qui n'était plus approvisionné en blé pendant plusieurs semaines. Nos boulangeries n'ont pas su saisir cette pénurie comme étant une opportunité pour proposer un pain de bonne qualité à base de produits fabriqués au Bénin (pain de maïs par exemple). Nos habitudes de consommations ne pouvant être changées, il nous appartient d'adapter notre économie pour répondre aux besoins du marché. En l'espèce, créer une dynamique (salon, prix national...) pour faire apparaître les variétés de pain fabriqué avec autre chose que le blé ou très peu de blé, vu que nous n'en produisons pas au Bénin.

Toujours dans l'agroalimentaire au Bénin, après la récente crise sur l'importation de volailles avariées et congelées, on a vu apparaître d'ingénieuses idées à encourager comme la production de volaille locale, travaillée et présentée sous plusieurs formes (escalopes, cuisses et autres)

Chaque fois que vous payez un produit importé, sachez que vous payez le salaire, les impôts, les infrastructures des citoyen du pays producteur au lieu de payer ceux de votre propre pays

Tout le monde s'est posé la question au moins une fois : que fait le Bénin pour moi citoyen, vous pouvez faire quelque chose pour le Bénin : consommer local. Et si nous tenons à démentir ceux qui pensent que le Bénin n'a pas de compétences, eh bien produisons plus pour le reste du monde.

Sur la situation en Lybie et la migration clandestine

Dallys Medali, Novembre 2017

Nous nous joignons à la majorité des Africains en Afrique et dans la diaspora, et à tous les citoyens du monde pour nous indigner et dénoncer le trafic d'êtres humains, l'esclavage moderne et tous les abus des droits de l'homme qui s'observent actuellement dans le monde arabe, au Maghreb, en Asie, en Amérique Latine et en Afrique.

Pour le cas spécifique des afro-descendants en Libye, il faut déjà souligner que le Bénin est très peu ou presque pas concerné directement parce presqu'aucun béninois n'a été répertorié dans les rangs des clandestins emprisonnés en Lybie ou des rescapés repêchés sur les côtes italiennes, maltaises et grecques en Europe. Cela est dû à la longue période de stabilité politique et sociale du pays (depuis 1990), à l'importance que nos concitoyens accordent à leur dignité personnelle, et à leur sens de la débrouillardise et du stoïcisme face aux difficultés économiques quotidiennes. Toutefois, nous nous sentons moralement concernés et restons en solidarité avec nos frères.

Les raisons qui poussent les gens à s'embarquer dans l'aventure méditerranéenne, (conflits armés, persécutions, famine, difficultés économiques, oisiveté, ignorance ou naïveté) sont bien connues et n'ont pas besoin d'être débattues ici. L'État de non-droit dans l'actuelle Libye est quant à lui, une conséquence directe du renversement illégal et de l'assassinat du président Kadhafi, et de la dissolution de l'ancienne administration. Le chaos actuel donne peut être raison à la main forte que le guide libyen utilisait pour maîtriser et sécuriser son territoire, un territoire dont la complexité et les challenges diffèrent des réalités territoriales dans les pays donneurs de leçons.

Certaines caractéristiques de l'État de non-droit en Libye sont la porosité des frontières terrestres, notamment celles avec le Niger, l'Algérie, et le Soudan. (L'Égypte et le Tchad du fait de leur forte militarisation et d'une histoire de conflits récents, allouent plus de ressources à la surveillance de leurs frontières). La frontière maritime qui donne sur la Méditerranée est elle aussi poreuse. Le no-man's land désertique allant du Nord Niger au Nord Soudan en passant par le Sud de la Libye voit une recrudescence des activités de groupes intégristes, de réseaux de criminalité et de trafic d'êtres humains. Ce sont ces groupes qui recrutent, kidnappent ou piègent les candidats à l'immigration clandestine pendant qu'ils sont encore au Niger pour ceux qui viennent d'Afrique de l'Ouest (Cote d'Ivoire, Mali, Burkina Faso, Nigeria, Niger, etc.) ou au Soudan pour ceux qui viennent d'Afrique de l'Est (Érythrée, Soudan, Éthiopie, Somalie, etc.), grâce à un réseau de passeurs.

Ce sont ces gens qui gèrent les camps de concentration, les camps de travaux forcés et les trafics esclavagistes. Il faut les distinguer des prisons officielles où croupissent les migrants clandestins (hommes, femmes et enfants) arrêtés par ce qui reste des forces libyennes de sécurité. La libre circulation des personnes et des biens n'étant pas encore une réalité dans l'Union Africaine, un Ivoirien qui se fait appréhender sans un visa ou titre de séjour sur le territoire libyen est en infraction et passible d'emprisonnement et/ou de déportation.

Les clandestins qui croupissent dans des cages et les autres Africains en Afrique et dans la diaspora se demandent pourquoi l'Union

Africaine tarde à répondre à la présente situation ou à poser des actes. L'Union Africaine et la CEDEAO sont généralement lentes dans leurs réactions parce que c'est difficile d'harmoniser les calendriers, d'avoir une concertation entre plus de cinquante chefs d'Etats (dont la plupart sont des vieillards) et de dégager rapidement une position commune afin de communiquer efficacement et de prendre des décisions.

L'Union Africaine devrait considérer l'établissement de son propre conseil de sécurité de cinq ou trois membres rotatifs (qui changeront chaque année) et lui donner la main libre pour parler et agir de façon proactive ou en cas de situation d'urgence. Mieux encore, l'Union pourrait adopter les nouvelles technologies de communication qui permettent instantanément et à très bas coût, à des personnes de communiquer quelle que soit leur position sur le globe. Il n'est pas nécessaire de convoquer tout le monde à Addis-Abeba avant de se prononcer sur les sujets d'importance pour le continent. L'actuel porte-parole de l'Union Africaine Moussa Faki Mahamat fait ce qu'il peut.

Sur le volet diplomatique, les pays de l'Union Africaine devraient chacun en ce qui le concerne, convoquer l'ambassadeur ou le consul de Libye dans leur pays et exiger que le pays prenne des actions concrètes pour protéger les citoyens africains sur son territoire, lutter contre les réseaux de trafiquants et veiller au respect du droit international et des droits de la personne humaine. Une campagne similaire devra être menée en direction de l'Arabie Saoudite, du Qatar, des Emirats Arabes Unis, de l'Algérie et de la Mauritanie en vue de la résolution des problèmes d'esclavage et d'exploitation observés dans ces pays.

Aux dernières nouvelles, le conseil de sécurité des Nations Unies (États-Unis, Russie, Chine, Angleterre, France) convoqué sur l'initiative de l'Italie (le pays qui reçoit le plus gros flux de clandestins en route pour l'Europe) a pris unanimement une résolution condamnant fermement le trafic des êtres humains et l'esclavage moderne. Les pays se sont aussi engagés à agir pour prévenir et punir ces pratiques hideuses en Libye et partout dans le monde. La France a aussi promis accorder l'asile à la prochaine vague de migrants qui seront évacués de Libye.

Pour la réaction d'urgence vis à vis des camps illégaux qu'opèrent les trafiquants dans le désert et dans certaines villes libyennes, la force de l'Union Africaine devrait dépêcher ses unités spéciales appuyées si nécessaire par la logistique et le renseignement d'autres forces amies (les commandos israéliens accepteront probablement d'aider si sollicités, comme ce fut le cas pour la résolution de l'attaque terroriste sur un hypermarché au Kenya il y a quelques années). Ces unités devront libérer de force ceux qui sont actuellement détenus dans des cages dans les camps de concentration sur le territoire libyen.

L'Agence des Nations Unies pour les Réfugiés (UNHCR) est à pied d'œuvre sur le terrain au Tchad et au Niger, près des frontières libyennes pour assister les migrants clandestins. Des contingents de migrants originaires de Cote d'Ivoire et du Burkina Faso ont été rapatriés vers leurs pays d'origine par voie aérienne. D'autres contingents suivront.

Pour la réaction à long terme, il faut que les medias africains et internationaux continuent la couverture de cette région, qu'ils donnent la parole aux rescapés pour recueillir leurs témoignages, y compris dans les langues locales, afin que les coupables soient traduits en justice et que les populations du Mali, Niger, Nigeria, Burkina Faso, Cote d'Ivoire, etc... soient sensibilisées. Il faut enfin une amélioration de la gouvernance dans nos pays afin que les populations puissent elles-mêmes créer ou trouver les opportunités pour prospérer dans leurs pays.

Pour Ou Contre La Sortie Du Franc CFA ?
Les Vraies Questions Que Nous Devrions Nous Poser
Armand Tossou, Octobre 2017

Les jours passés ont vu la destruction de certaines statues de la confédération, symboles puissants du passé racial des Etats-Unis. Le débat est en cours pour l'enlèvement du Congrès Américain de statues similaires . Un vent pareil souffle actuellement dans les pays d'Afrique francophone. Tout récemment, un jeune Franco-Béninois (Kemi Séba, président de l'ONG Urgence Panafricaniste) a été emprisonné par le parquet Sénégalais sur plainte de la Banque des Etats d'Afrique de l'Ouest (BCEAO) pour avoir brûlé symboliquement un billet de 5,000 francs CFA en public, en signe de protestation contre le système du CFA. Il a été relâché quelques jours plus tard et expulsé du pays par les autorités Sénégalaises. Cet incident a relancé la question du maintien ou de la sortie de la zone franc CFA.

Il importe de séparer le blé de l'ivraie en recentrant le débat. La question de l'avenir du CFA ne se pose pas en termes de la continuité ou pas des relations diplomatiques ou commerciales entre les pays de la zone franc CFA et la France. Ce n'est non plus une question de rivalités éventuelles entre les citoyens moyens que ce soit en France ou dans un pays Africain de la zone CFA. Il se passe qu'une élite Française qui a des intérêts commerciaux à travers le Continent Africain contrôle les dirigeants Français et la politique extérieure du pays. Aussi, cette élite est de connivence avec une élite Africaine (y compris certains de nos chefs d'Etats et les dirigeants de certaines institutions d'envergure nationale et régionale) qui profitent de la situation, au détriment du peuple qui croupit dans la misère. Dans une telle situation, une bonne question est de savoir si le franc CFA constitue un instrument réel de développement pour les peuples d'Afrique Francophone.

Qu'est-ce que le Franc CFA ?

Le franc CFA est actuellement utilisé par 155 millions de personnes dans 15 anciennes colonies Françaises d'Afrique depuis 1945 où les accords de Bretton Woods ont été signés à la fin de la 2ème Guerre Mondiale. Plus précisément, la zone franc inclut d'une part le Bénin, le Burkina Faso, la Guinée-Bissau, la Côte d'Ivoire, le Mali, le Niger, le Sénégal et le Togo de l'Union Economique et Monétaire Ouest-Africaine (UEMOA); et d'autre part le Cameroun, la République Centrafricaine, le Tchad, la République Démocratique du Congo, la Guinée Equatoriale et le Gabon de la Communauté Economique et Monétaire de l'Afrique Centrale (CEMAC); ainsi que les Comores (quoi qu'appelée Franc Comorien, la monnaie du Comores suit le même principe que les autres monnaies CFA). Originellement dénommé «Colonies Françaises d'Afrique», le terme CFA devient «Communauté Financière Africaine» dans l'UEMOA et la «Coopération Financière en Afrique Centrale» dans la CEMAC depuis les indépendances. Ainsi, la zone CFA comprend trois (03) banques centrales Africaines: la Banque des Etats de l'Afrique Centrale (BEAC), la Banque des Etats d'Afrique de l'Ouest (BCEAO) et la Banque Centrale des Comores.

Comment fonctionne le système CFA donc ? D'abord, la France a des représentants dans chacune des trois (03) banques centrales Africaines sus citées. Ces représentants portent un regard vigilant sur les décisions prises au sein des banques centrales. D'après le gouverneur de la BCEAO, Koné, dans une interview avec Alain Foka ce n'est pas le cas. Il faudrait appuyer cette affirmation avec les statuts du Conseil d'Administration à citer en référence].

A part cela, le fonctionnement du système repose sur les quatre piliers que voici:

1. Le **compte d'opérations**: Ceci consacre la centralisation des réserves de change Africaines en France. Les banques centrales Africaines doivent déposer 50% de leurs réserves de devises étrangères dans un compte courant auprès du Trésor Français. En contrepartie, la France garantit la libre convertibilité de la monnaie ;

2. La **libre convertibilité** du franc CFA en franc Français (puis en Euro) ;

3. La **fixité des parités** au franc Français qui a été remplacé par l'Euro depuis 1999 (1 euro = 655,957 francs CFA), et ;

4. Le **libre transfert** des capitaux de la zone franc CFA vers la France.

Séparons les faits des émotions

Le débat "Pour ou contre le maintien du CFA" est souvent passionné et obscurci par les émotions. Ceci se justifie du fait que le souvenir du passé colonial douloureux reste ancré dans la mémoire collective Africaine. Nombre d'intellectuels ont dénoncé les méfaits de la politique Francafrique qui continue de créer des dégâts sur le Continent. Pour ne citer que deux exemples récents, il y a eu l'élimination physique du dirigeant Libyen (Colonel Kadhafi) et l'intervention militaire de la France en Côte d'Ivoire qui a précipité l'enlèvement manu militari de l'ancien chef d'Etat Ivoirien Laurent Gbagbo du pouvoir. Mais, peut-être le fait le plus flagrant est que le franc CFA demeure "la dernière monnaie coloniale encore utilisée". Ceci dit, il convient de dépassionner le débat afin de faire une analyse rationnelle de la situation.

Tout d'abord, le principe du compte courant encourage la thésaurisation des ressources Africaines en France sous le prétexte d'une soi-disant "stabilité" monétaire que la France garantirait aux ex-colonies. Peut-il vraiment y avoir stabilité si la France (et le FMI) peuvent décider unilatéralement la dévaluation du franc CFA? Si stabilité il y avait, quel en serait le prix pour l'économie Africaine ? Par exemple, quel est le coût d'opportunité des ressources Africaines déposées dans les comptes du Trésor Français (ex., les occasions manquées pour le financement de projets de développement, les intérêts sur les dépôts)? A qui est-ce que le système profite réellement: l'Afrique ou la France?

Ensuite, la politique de taux fixe est problématique. Le franc CFA n'est pas côté sur les marchés des changes et il n'est convertible qu'en Euros. Aussi, ce mécanisme ne convient plus aux pays de la zone franc CFA, la consommation intérieure étant devenue le moteur de la croissance économique dans cette zone. Au fait, l'arrimage à l'Euro avec un taux fixe fait du franc CFA une monnaie "forte" de facto. Ainsi que Bruno Tinel (Maître de conférences HDR en économie à l'Université Paris 1 Panthéon-Sorbonne) l'explique, «En effet, étant aussi bon que l'Euro, le CFA est une monnaie forte pour des économies faibles. Il rend les importations des Pays Africains de la Zone Franc (PAZF) en biens manufacturés très peu chères, si bien qu'il n'est pas profitable de produire ces biens sur place.

Une monnaie forte confère en outre un désavantage en matière de compétitivité prix à l'export, ce qui ne stimule pas non plus le développement de filières manufacturières exportatrices. C'est ainsi que les PAZF perpétuent leur spécialisation dans l'exportation de biens primaires et éprouvent les plus grandes difficultés à simplement assurer leur propre sécurité alimentaire.» Le système franc CFA bénéficie donc à la zone pour les importations, mais pénalise lourdement les économies locales (en réduisant leur compétitivité) quand il s'agit de l'exportation des produits tels que le café, le cacao et le coton qui se vendent en dollars sur les marchés internationaux. En un mot, le système CFA encourage l'importation et décourage l'exportation qui devrait permettre aux 15 pays de la zone d'engranger des devises extérieures.

Troisièmement, le système CFA suscite des questions fondamentales d'autonomie, de souveraineté et de responsabilité des institutions Africaines quant à la gestion de leurs affaires internes. La monnaie qui est utilisée uniquement dans 15 pays d'Afrique est fabriquée hors du Continent, en France. Dans un scénario extrême, l'on pourrait se demander ce qui adviendrait aux économies locales, si la France décidait de ne plus imprimer des billets CFA? Les pays de la zone franc CFA n'ont-ils pas la capacité d'imprimer et de sécuriser leurs propres monnaies?

Sur cette même lancée, le fait que des représentants Français siègent dans les banques centrales Africaines est également problématique. Dans quels intérêts agissent ces représentants? Cette question est d'autant plus importante que l'activité économique locale dépend fortement de la performance du secteur bancaire. Par exemple, les taux d'intérêts aux emprunts accordés par les banques commerciales sont indexés en grande partie par les taux directeurs que fixent les banques centrales. Aussi, les banques commerciales comptent sur les banques centrales pour le refinancement de leurs portefeuilles. Qui prend donc ces décisions cruciales dans les banques centrales Africaines? Pourquoi est-ce que des agents non-Africains devraient être impliqués?

Le Franc Français lui-même a laissé place à l'Euro depuis près de 20 ans, en intégrant l'union économique et monétaire régionale communément appelée la Zone Euro. Ce geste se comprend aisément, vu le contexte économique global marqué de plus en plus par une concurrence féroce. On est donc en droit de se poser la question suivante: si la France juge opportun de laisser sa monnaie pour une monnaie régionale, commune avec ses voisins, pourquoi les pays d'Afrique ne devraient pas emprunter le même chemin en créant leur propre monnaie régionale ? De plus, une telle monnaie ne devrait-elle pas se focaliser sur la convergence des intérêts économiques et sociaux régionaux, plutôt que sur l'existence d'une langue commune (le Français) ou d'un passé colonial commun ?

La question fondamentale que l'on est en droit de se poser est la suivante: l'actuel franc CFA appartient-il aux Africains ou à la France ? Si le système actuel ne profitait pas à la France, pourquoi continuerait-elle à la défendre bec et ongles?

Quatorze pays autour du franc CFA (Opinion)

Au plan émotionnel pour les Africains, le franc CFA est un rappel du passé douloureux de la colonisation, à l'image des statues de la confédération aux États-Unis. Le sort du CFA est décidé par la France, ainsi qu'en témoigne la dévaluation intervenue en 1994. Le maintien de représentants Français au sein des banques centrales d'Afrique assure la mainmise de la France sur les politiques monétaire, financière et de développement des pays de la zone CFA. Lorsque les manifestations populaires contre le Franc CFA ont commencé par prendre de l'ampleur, c'est aussi en France que le président ivoirien Ouattara (la Cote d'Ivoire est le moteur économique de l'UEMOA et de la Zone Franc) est parti pour consulter le président Macron de la France sur la position à adopter sur la question ainsi que sur la candidature du Maroc pour la CEDEAO (candidature qui a d'ailleurs été acceptée et entrera en vigueur en Décembre 2017).

La monnaie est un outil important de développement, et ne devrait pas être laissée au bon vouloir de forces étrangères. Par exemple, les avoirs Africains dans les comptes du Trésor Français peuvent servir à financer des investissements nécessaires et cruciaux en Afrique. Le développement a besoin de financements importants dans des secteurs clés tels que les infrastructures de transports, la télécommunication, la santé et l'éducation.

Le système CFA soulève des questions évidentes d'autonomie, d'indépendance et de souveraineté des instances dirigeantes Africaines dans la gestion de leurs affaires internes. Le système actuel insulte tout simplement l'intelligence des Africains et asservit le peuple. Confrontés à ces questions épineuses, nos dirigeants Africains pratiquent la langue de bois, ou pire, la politique de l'autruche. Par exemple, en niant l'évidence pour se présenter en bons élèves du "maître", P. Talon du Bénin et A. Ouattara de la Côte d'Ivoire ont épousé la position Française récemment. Au cours de son intervention sur l'émission "Le Débat Africain" de la Radio France Internationale (RFI) du dimanche 16 avril 2017, le président Talon a affirmé que le CFA est un instrument de stabilité. Dans un passé plus récent, le président Ouattara a émis une déclaration conjointe avec le président Macron de la France non seulement faisant l'éloge de la devise, mais souhaitant même que la zone CFA soit modernisée et élargie.

Quelle approche de solution est-ce que j'entrevoie? L'Afrique doit prendre sa destinée en main au plus tôt en créant et en gérant sa propre monnaie. Il pourrait y avoir plusieurs monnaies sous régionales (par exemple une monnaie pour la CEDEAO, la CEAC) ou une monnaie continentale sous l'égide de l'Union Africaine. Cette proposition est réaliste, vu que des idées similaires circulent déjà dans certains cercles. La ZMAO est un exemple de proposition de devise pour la Zone Monétaire Ouest Africaine (qui inclut la CEDEAO). Elle est prévue pour entrer en circulation à l'horizon 2020.

La nécessité et la faisabilité d'une monnaie unique pour l'Afrique ou de monnaies régionales Africaines sont d'autant plus palpables que le poids des échanges commerciaux entre la zone CFA et des pays non Européens (tel que la Chine) va grandissant. Aussi, les pays anglophones d'Afrique utilisent déjà leurs propres devises (au lieu de la Livre Sterling de la Grande Bretagne). Le Nigéria et le Ghana offrent deux bons exemples en Afrique de l'Ouest. Les cas foisonnent en Afrique de l'Est et du Sud. L'Ethiopie utilise sa Birr; le Kenya, la Tanzanie et l'Uganda ont leur Shilling; le Rwanda possède son franc Rwandais (indépendant de la France); la Zambie a son Kwacha; l'Afrique du Sud utilise son Rand; pour ne citer que ces quelques cas. Même en Afrique Francophone, quelques pays possèdent leurs propres monnaies. En Afrique du Nord, nous avons le dirham Marocain, le dinar Tunisien et la Livre Egyptienne, par exemple. La Guinée Bissau a créé sa propre monnaie depuis 1959. Force est de constater qu'en règle générale, les pays anglophones d'Afrique et ceux de l'Afrique du Nord jouissent de meilleurs indicateurs de développement économique. Quelle est donc la particularité des 15 pays francophones de la zone franc CFA? Pourquoi ne devraient-ils pas prendre leur destinée en main également?

Si dans un élan de «servitude volontaire» la plupart des pays qui se trouvent actuellement dans la zone CFA avaient choisi de rester dans ce système après les indépendances, alors ces mêmes pays peuvent décider de corriger le tir avant qu'il ne soit trop tard. Même au sein de la classe politique Française, il y a un désaccord au sujet de l'utilité et du rôle du franc CFA en Afrique. Par exemple, Marine Le Pen qui est membre du parlement Européen, leader du parti politique d'extrême droite Front National et candidate au deuxième tour des dernières présidentielles françaises, ne cache pas ses critiques du CFA.

La situation des pays de la zone franc CFA est comparable à des "enfants" âgés de plus de 60 ans qui continuent d'être nourris au lait maternel. A mon humble avis, la question de l'avenir du franc CFA n'est pas s'il faut quitter la zone. C'est plutôt comment quitter au plus tôt et prendre notre destinée en main. Il est grand temps que le CFA retrouve sa vraie place: dans un musée historique quelque part en Afrique! Quel est votre avis sur la question?

Opportunités dans le tourisme religieux au Bénin
Dallys Medali, Avril 2018

En matière de création de richesse et d'emplois durables, le potentiel touristique du Bénin excède significativement son potentiel agricole. L'agriculture qui réussit au 21e siècle est fortement subventionnée, mécanisée et de plus en plus robotisée. Elle nécessite de grandes superficies, beaucoup de capitaux et emploie peu de main d'œuvre. Le Bénin a une petite superficie, un grand besoin en emplois, et ne saurait rivaliser financièrement et technologiquement avec les géants agricoles de la région et du monde. La population béninoise de demain, compétente, dynamique et excellemment éduquée devra se tourner vers les industries spécialisées et le secteur des services y compris le tourisme pour une véritable émergence du pays.

Le tourisme doit d'abord viser, attirer et servir les locaux (du Bénin, de la CEDEAO, de l'Afrique) avant de pouvoir se positionner (grâce à une amélioration des statistiques, de la visibilité et des infrastructures) comme une option attrayante pour l'Occident et le reste du monde. La majorité de ceux qui visitent New York sont les Américains d'autres villes et d'autres États, auxquels se sont ajoutés au fil des années, les curieux du monde entier.

Le 1er mot qui vient à l'esprit du béninois quand on pense au tourisme est souvent le Vaudou avec ses couleurs, ses danses, mais aussi la peur (fondée ou pas) du mal et des griffes de la sorcellerie. La majorité des citoyens ouest-africains avec un pouvoir d'achat touristique sont actuellement beaucoup plus intéressés par d'autres formes de religieux que par le Vaudou. Certains de ces jeunes participent annuellement au pèlerinage céleste de Sèmè Plage (dans l'Ouémé) depuis 1947, au pèlerinage marial de DASSA (dans les

Collines) depuis 1954, et à bien d'autres dont on n'a peut-être jamais entendu parler.

Selon l'OMT, le Bénin aurait accueilli environs 267,000 touristes en 2016. Ces chiffres sont clairement minorés, parce qu'un pan important de touristes (locaux et internationaux) n'est ni répertorié, ni adéquatement servi par le secteur touristique et les opérateurs économiques béninois. Par exemple, du 23 au 26 Décembre, dans le cadre de la Noël, Sèmè accueillerait annuellement entre 500,000 et 700,000 visiteurs (chrétiens célestes et sympathisants) du Bénin, du Nigeria, de la Côte d'Ivoire, du Togo et bien d'autres pays (chiffres conservateurs). La majorité d'entre eux passent la nuit du 24 au 25 sur place et sont de ce fait des "touristes" (selon la définition officielle de l'OMT)[Le tourisme est un phénomène social, culturel et économique qui implique le déplacement de personnes vers des pays ou des endroits situés en dehors de leur environnement habituel à des fins personnelles ou professionnelles ou pour affaires.] même s'ils ne restent pas dans des hôtels.

La première chose qu'il importe de faire est d'établir des systèmes pour un meilleur décompte et une identification de tous ces touristes. Un badge pourrait être délivré à chaque pèlerin. Un dispositif au radar installé dans la zone de pèlerinage pourrait décompter de façon approximative le nombre de personnes qui passent par un point stratégique. La photographie par drones pourrait être mise à profit pour prendre des images de toute la zone à un moment culminant des festivités : la cloche de minuit qui lance les prières par exemple. Ensuite à l'aide des technologies adéquates, on pourrait faire un décompte du nombre d'individus présents. Les postes de contrôle frontaliers (pour ceux qui viennent de l'étranger) et les postes policiers sur l'itinéraire (pour tout le monde) pourraient aussi être mis à profit pour un décompte plus fiable.

La seconde chose serait d'intéresser et de prioriser les produits locaux et les petites et moyennes entreprises béninoises pour servir les pèlerins. Actuellement, la majorité des produits commercialisés sur place viennent du Nigeria voisin et une bonne partie des commerçants eux-mêmes viennent du Nigeria soit indépendamment, soit dans le lot des pèlerins pour conduire d'excellentes affaires.

Certains de ces visiteurs peuvent aussi être canalisés vers les autres attractions touristiques du Bénin. De façon concrète, pour chaque pèlerinage, le cursus touristique peut inclure les autres lieux saints et historiques qui sont pertinents à cette religion. On peut ensuite ajouter les sites touristiques traditionnels se trouvant dans la même région. Le seul fait de disposer de ces informations pourra inciter certains pèlerins à se préparer en conséquence pour les éditions suivantes.

Ainsi, le catholique ou le simple curieux qui va au pèlerinage marial de Dassa pourra visiter le palais de Dassa, des sites touristiques sur les collines ; ou au retour, avant d'aller à Cotonou, voir les catacombes de Bohicon ou les palais royaux et musées d'Abomey.

Le céleste ou le simple curieux qui va au pèlerinage de Sèmè pourra être orienté vers les futures installations touristiques de Sèmè City, vers la paroisse mère, la terre sainte de Davié et les maisons du prophète à Porto-Novo ; avant de visiter les palais et musées de la ville, l'ancien quartier des esclaves, les bâtiments coloniaux et les bâtiments administratifs importants.

L'adepte Vaudou ou le simple curieux qui va au festival du Vaudou à Ouidah pourra aussi visiter la route des esclaves, les forts et musées, les temples et portes historiques, les installations balnéaires, les pêcheries d'Avlékété, les marais salants de Djègbadji et d'autres attractions.

Le gros avantage des pèlerinages et festivals religieux est la forte dévotion des fidèles et le caractère répétitif des événements qui se déroulent au moins une fois par an. En matière touristique le principal challenge est généralement de faire revenir ceux qui visitent : dans le tourisme religieux, ce problème n'existe pratiquement pas.

L'Arabie Saoudite repose sa stratégie touristique sur le pèlerinage musulman annuel à la Mecque qui draine une marée humaine (près de neuf millions de visiteurs pendant l'année dont deux à trois millions pendant les jours du Hadj) et est la deuxième source de revenus du royaume après le pétrole. Les agences de voyages, les sociétés hôtelières et plein d'autres acteurs de taille diverse organisent leurs activités autour de cette manne que Dieu leur a donné(e)s. Certains pèlerins profitent aussi du voyage pour conduire des affaires purement commerciales pendant leur séjour sur place et à leur retour dans leur pays d'origine. Les recettes annuelles pendant le Hadj s'élèvent à environ vingt milliards de riyals soit cinq milliards d'euros approximativement. Sur toute une année, elles montent jusqu'à seize milliards d'euros.

Le pèlerinage catholique de la grotte de Notre Dame de Lourdes attire plus de 5 millions de visiteurs chaque année, sachant que la ville a une population permanente de 15000 habitants. Le succès de ce site n'est pas le fait du hasard, mais est dû à l'excellente organisation et les moyens déployés depuis des années par les autorités locales, les autorités religieuses, le secteur privé et le gouvernement français.

Sans vouloir être trop prétentieux, notre Mecque béninoise est le site de Sèmè qui a été révélé et est en usage depuis 1947.

Notre équivalent de Lourdes est le site de Dassa Arigbo qui a été choisi depuis 1954 par les missionnaires catholiques, dans une grotte qui était déjà vénérée et déifiée par les autochtones, afin d'offrir aux pèlerins africains qui ne peuvent pas se rendre en Europe (Vatican, France, Portugal), une option plus proche d'eux. Le Bénin étant le berceau du Vaudou, l'importance des festivals de Ouidah et de Porto-Novo n'est plus à démontrer.

Il est temps de dynamiser le sous-secteur du tourisme religieux en déployant des outils innovants et en injectant des ressources, afin de créer des emplois saisonniers et durables, et de contribuer au rayonnement économique et socio-culturel du Bénin. Si vous voulez en savoir plus ou nous accompagner sur des projets existant dans ce secteur, contactez-nous !

L'intelligence artificielle: menace ou panacée?
Rethices Fagbohoun, Avril 2018

Les grandes questions qui cristallisent les débats au sujet de l'intelligence artificielle ces dernières années tournent autour des considérations éthiques. On distingue d'un côté les trans-humanistes qui mettent en avant le caractère indéniable des progrès dans ce domaine. Pour appuyer leur pensée, ils n'hésitent donc pas à rappeler le caractère relatif des scrupules éthiques et leurs indéniables mutations à travers le temps. De l'autre côté, les bio-conservateurs se défendent de vouloir faire obstacle au progrès et mettent en avant la singularité du vivant. Si les premiers paraissent parfois rêveurs, parfois réalistes et pragmatiques, les seconds sont soit sceptiques sur les possibilités du développement de l'intelligence artificielle, soit optimistes quant à la prééminence du cerveau humain sur un hypothétique cerveau "positronique" quelles que puissent être ses capacités de calcul.

A la vitesse d'émergence et de propagation des innovations, on est en droit de s'interroger sur ce qu'il adviendra de l'humanité dans les décennies qui viennent. La banalisation progressive de la singularité humaine que dénoncent les bio-conservateurs ne semble aucunement émousser les ardeurs des transhumanistes qui voient dans les progrès le cours naturel des choses qui peut parfois être retardé sans être jamais interrompu. Ainsi, de l'homme augmenté avec des artefacts technologiques (implants et prothèses intelligents, exo-squelettes et puces neurales), on irait logiquement vers des relations hommes machines plus complexes, comme l'absorption de l'essence humaine à partir d'un corps devenu trop imparfait et limité pour satisfaire les aspirations d'efficacité et d'immortalité.

Dans cette conception, l'homme n'étant après tout qu'une machine extrêmement sophistiquée, il ne serait pas du tout scandaleux que pour s'adapter à la complexité de son environnement, il puisse se doter d'un véhicule plus performant en remplacement de son enveloppe physique naturelle. Ces perspectives "néolutionnistes" ne trouvent évidemment pas d'échos favorables chez les bio-conservateurs pour qui l'homme ne peut espérer créer un artéfact qui puisse le dépasser lui-même. L'espèce humaine étant par définition complexe, il serait d'après eux illusoire d'imaginer qu'un robot parvienne un jour à la supplanter ou à maîtriser entièrement tous ses mécanismes.

Un exemple caractéristique que ceux-ci évoquent est la victoire de l'IA sur l'homme dans le jeu de Go. Dans cette compétition, la machine a remporté, mais la machine a-t-elle vraiment joué ? A-t-elle joui des délices de la victoire comme le ferait un être humain ? La vérité serait que pour la machine, il n'y a pas d'altérité. Ce n'était jamais qu'une combinaison d'algorithmes qui sont mis en œuvre pour aboutir à un dénouement. Il en est de même du robot qui parviendrait à stimuler la partie du cerveau humain responsable du fait d'être amoureux. L'homme serait-il alors tombé amoureux du robot ? En témoigne la consternation de Theodore Twombly dans le film "Her" lorsqu'il réalise enfin que la machine avec laquelle il est tombé amoureux entretenait des conversations similaires avec des milliers d'autres personnes. Malgré leurs performances et le gain d'efficacité extraordinaire qu'ils vont apporter à l'humanité, les bio-conservateurs sont convaincus que les robots resteront des compléments utiles et non des substituts valables à l'espèce humaine.

Ce débat de fond qui paraît purement théorique se traduit pourtant dans les stratégies des États à l'ère du plus grand bouleversement technologique du 21è siècle. En effet, pendant que s'érigent en Europe des contreforts éthiques de plus en plus solides (GDPR) pour parer aux travers de l'IA, ailleurs, aux États-Unis, en Chine et en Russie, les scrupules éthiques sont de moins en moins pris en considération et sont largement sacrifiés sur l'autel des rivalités économiques. Les défis que soulève la convoitise qu'attise cette technologie posent le problème des lignes rouges à tracer pour éviter que le mimétisme et le désir de puissance ne finisse pas par obliger les économies occidentales à verser dans les dérives totalitaires rendues aisées avec le développement rapide de l'IA.

Le cas de la Chine est édifiant à ce propos. Avec le système de notation des citoyens instauré dans certaines villes, ce pays poursuit sa philosophie qui consiste non seulement à contrôler l'Internet, mais désormais à en faire un outil de contrôle et de flicage à grande échelle de sa population. Cet état de fait qui n'est pas nouveau et qui ne fait que s'amplifier du fait de l'IA, ne poserait aucun problème si les applications de cette technologie étaient cantonnées au niveau territorial ou au seul domaine régalien de la sécurité intérieure. L'inquiétude majeure réside plutôt dans la facilité pour un pays qui maîtrise l'IA de pouvoir s'en servir, notamment en l'absence de toute contrainte éthique, pour accroître significativement son hégémonie économique par les gains d'efficacité qu'il lui serait possible d'engranger. Dans le domaine militaire, les armements actuels aussi massifs et performants soient-ils deviendraient obsolètes face à l'usage de l'IA soit pour mener des combats à distance soit par la cyberguerre ou par l'usage d'engins sans pilote. Cette perspective traduit la préoccupation des grandes puissances qui pour conserver leurs rapports de force géostratégiques sont susceptibles de basculer vers l'option qui serait la plus performante dans les prochaines années.

Le grand dilemme auquel se trouveront alors confronter les dirigeants occidentaux serait le choix cornélien entre la conservation des principes généraux qui fondent leur société au risque de se faire vassaliser par la Chine ou la Russie, et l'évocation d'exceptions sécuritaires pour tordre le cou auxdits principes afin de préserver leurs rapports de force économiques et géostratégiques. Ces interrogations difficiles et délicates nous ramènent à la question des bornes éthiques que nous évoquions au départ.

A l'échelle planétaire, il est opportun de s'interroger sur le sort qui serait réservé à toutes les avancées qui ont été faites ces dernières décennies dans le domaine des droits de l'homme. L'IA étant une technologie diffuse et non détectable aisément, il sera de plus en plus difficile pour des organisations extérieures de s'assurer du respect de ces principes par les États. C'est pour cela qu'il faudrait une législation internationale qui régule l'utilisation de cette technologie afin de protéger la population contre les possibles conséquences fâcheuses des rivalités entre les Nations dans l'acquisition de cette technologie. A ce propos, il serait question de déterminer : quelles dispositions prend on contre un État puissant qui refuserait d'adopter ces principes et qui s'engagerait de façon unilatérale dans la voie de l'utilisation sans garde-fou de l'IA : des sanctions ? Des représailles ? La guerre ? Quelle guerre ?

Un pays comme le Bénin peut jouer de sa neutralité et de l'intérêt supérieur de l'humanité pour prendre le leadership de ce débat à l'international et coopérer avec d'autres Nations pour inscrire cette question à l'agenda des Nations Unies. Dans quelques années, il serait déjà tard...

Les TIC au service du développement
Rethices Fagbohoun, Septembre 2017

Introduction

A l'instar de la plupart des pays africains, le Bénin semble avoir pris toute la mesure du potentiel de l'économie numérique pour favoriser l'accélération du processus de développement. A plusieurs occasions et avec une certaine détermination affichée, les nouveaux gouvernants ne cachent pas leurs ambitions pour la re-dynamisation de ce secteur d'activités. Les investissements structurants annoncés pour parvenir à un maillage territorial plus large en fibre optique nous semblent aller dans le bon sens. Mais au-delà des infrastructures et de la vision exprimée, reste encore qu'une stratégie pertinente et cohérente soit adoptée afin de parvenir aux objectifs établis. La mise sur pied d'un conseil national du numérique et la création, à l'instar de la France et de la Belgique, d'une agence du numérique, suffisent-ils à rassurer sur l'efficacité de l'action publique dans ce domaine ? Sans doute si ces différentes structures (nous n'en doutons pas) jouent pleinement leur partition dans la conduite des réformes et mutations socio-culturelles et économiques nécessaires à l'atteinte des résultats escomptés. Le présent mémo a pour but de formuler des propositions concrètes à destination des gouvernants du numérique béninois.

Le dynamisme du secteur des télécommunications en Afrique en général, et au Bénin en particulier, a contribué à la révision des analyses des experts sur les potentialités de l'économie du continent. Dans un pays comme le Bénin où les lignes téléphoniques filaires représentent moins de 1% des abonnements, le développement fulgurant de la téléphonie mobile a permis d'entrevoir la possibilité de rompre avec le processus de développement par étapes successives, En lieu et place, on observe plutôt des sauts entiers de stades de développement, rendus possibles grâce à des « greffes technologiques » qui s'accommodent avec les particularités locales.

En effet, avec la possibilité de connecter les individus par le biais d'appareils mobiles ne nécessitant aucune liaison filaire, ce sont tous les préalables d'organisation, de logistiques, d'investissements, et de coûts exorbitants d'accès aux réseaux téléphoniques classiques, qui ont été épargnés à l'Afrique en général, au Bénin en particulier. Qui plus est, ce support d'abord destiné à faciliter les communications téléphoniques, est devenu un véritable canal pour la mise à disposition des populations de services à valeur ajoutée autrement inaccessibles, vu le bas niveau de revenu des populations. Il en est ainsi de l'accès à Internet qui témoigne du caractère de plus en plus superflu de la possession ou de l'accès à un ordinateur pour se connecter à la toile mondiale. C'est aussi le cas de l'accès aux services financiers, en l'occurrence la possibilité de création de comptes bancaires et de paiements électroniques sans disposer de cartes bancaires. Ces avantages font des téléphones mobiles de véritables outils d'inclusion financière pour la majorité des populations, réduisant en un temps relativement court la fracture numérique et renforçant le taux de bancarisation, à un rythme qui n'aurait pu être atteint avec la finance traditionnelle (ouverture de nouvelles agences de banque).

L'expérience du secteur de la téléphonie et ses conséquences sur d'autres secteurs d'activités doivent interpeller les gouvernants dans l'élaboration de projections ambitieuses sur la dynamique dans laquelle est engagée l'Afrique. Conscient de cette nouvelle donne, il nous a paru opportun d'explorer les différents pans de la vie socio-économique afin d'élaborer des projections réalistes sur les bénéfices que le Bénin peut tirer de cette approche de raisonnement. Sont abordés notamment le secteur primaire, le secteur secondaire, le secteur tertiaire, et les domaines régaliens de l'État.

Le secteur primaire

Dans le secteur primaire, les progrès effectués dans la téléphonie mobile ont montré leurs efficacité en matière de programme d'inclusion des paysans par la mise en place de plate-formes d'informations sur les techniques culturales et les prix, ainsi que de systèmes de paiements par téléphone portables. Grâce à cette technologie, les paysans du Kenya peuvent désormais vendre leurs produits à de meilleurs prix grâce à une meilleure diffusion des informations sur les cultures et les prix, ainsi que la numérisation des paiements.

La prochaine étape consistera en la mise sur pied d'un véritable marché financier virtuel dont le but serait de stabiliser les revenus des producteurs afin de les rendre moins dépendants des fluctuations des cours. Ceci est possible en recourant à la signature de contrats à terme sur leurs productions, dans une dynamique globale de marginalisation économique, tout en prenant soins de limiter la spéculation. La disponibilité de l'information sur les producteurs serait également un tremplin pour la conception de solutions adaptées de financement.

Le système serait bâti sur les téléphones portables afin de créer un réseau national de contributeurs pour en assurer l'alimentation permanente, et une meilleure mesure des activités relevant du secteur informel. Le gouvernement béninois peut engager ou, à défaut, inciter les opérateurs privés à engager cette mutation au profit du monde rural. Quand on sait que l'un des principaux problèmes qui minent le développement de l'agriculture dans nos pays est l'accès au financement, ce système trouverait- ici toute son utilité.

Le secteur secondaire

Dans le secteur secondaire, la révolution va concerner à la fois l'utilisation de techniques novatrices de modélisation et de constructions de bâtiments comme l'impression 3D dans le sous-secteur des BTP ; et la généralisation de centrales décentralisées de production d'électricité se proposant en rupture par rapport à la logique actuelle de l'extension des réseaux.

La technologie 3D très promue ces dernières années connaîtra une baisse significative de ses coûts d'ici la fin de la décennie rendant possible son utilisation dans l'érection de bâtiments résidentiels, un secteur en plein boom sur le continent africain. L'importation et la maîtrise de cette technologie permettront de réduire sensiblement les coûts liés à la main d'œuvre et aux pertes de matières premières et forcera à une certaine standardisation des techniques de construction.

Quant à l'électricité, la dynamique qui consiste à installer des centrales électriques (solaires, éoliennes, biomasse, etc.) selon les atouts et les besoins de chaque localité, aura pour incidence de favoriser la création d'emplois locaux dans ce domaine. Ici également, le business model pourrait être orienté vers l'installation à crédit de kits d'accès à l'énergie dans les ménages, assortis de paiements mensuels par le canal du mobile money. L'objectif est de trouver, à l'image des cartes prépayées dans le secteur de la téléphonie mobile, les solutions les plus adaptées aux caractéristiques particulières des ménages béninois et de leurs revenus.

Le secteur tertiaire

Le secteur tertiaire est celui où la nouvelle dynamique va le plus s'accentuer. En effet, plusieurs filières d'activités existantes connaîtront une réelle mutation. A titre illustratif, la démocratisation des paiements mobiles grâce au développement du secteur de la téléphonie mobile constitue une aubaine pour développer des activités nécessitant le paiement à distance. Au nombre de ces activités figurent notamment le commerce électronique ainsi que l'accès aux services financiers.

Dans le sous-secteur de la finance, les techniques d'inclusion financière rendues possibles grâce à la prolifération des téléphones mobiles sont légion. Mais au-delà de la collecte d'épargne et des instruments de paiements électroniques, le « big data » permet désormais d'étudier les données des clients, disponibles dans leurs téléphones portables, pour estimer leur « credit scoring » afin de leur accorder des financements sans garantie. Dans un pays comme le Bénin où le foncier (système traditionnel de garantie) constitue un goulot d'étranglement pour l'accès au financement, cette technique pourrait servir de véritable palliatif aux fins d'une inclusion financière plus large.

La digitalisation de la société, comme nous le mentionnions plus haut, a introduit des changements radicaux dans les techniques de mise en marché des solutions et produits financiers. L'exemple le plus poignant étant celui du Mobile Money. Mais la flexibilité et la célérité dans les méthodes de paiements ouvrent la voie à des formes nouvelles d'utilisation. Il en est ainsi du développement de la finance entre particuliers et de la finance participative.

La finance entre particuliers popularisée sous la forme classique de tontine, peut connaître une amélioration substantielle grâce au mobile money et la réduction des frais de gestion. L'encadrement de cette technique ancestrale de solidarité et d'inclusion socio-économique permettra de mieux protéger les épargnants et les prêteurs, et de faciliter le transfert progressifs de ses adhérents vers la finance formelle. La numérisation et l'identification des citoyens sont également des atouts pour étendre ces pratiques au-delà des cercles d'affinité et de connaissances.

Quant à la finance participative, elle est désormais possible au Bénin grâce à l'accès à l'information à travers les réseaux sociaux (facebook et whatsapp) d'une part, et d'autre part à la vulgarisation des paiements mobiles. Il s'agit là d'une véritable méthode de levée de fonds au profit des start-up, des causes humanitaires et toute autre initiative exclue des systèmes traditionnels de financement. La création d'un cadre légal pour régir ce genre de transactions, est un "must" pour favoriser la levée de ressources financières locales au profit du secteur productif et du secteur non marchand au Bénin.

Dans le monde professionnel, le bouleversement introduit par la téléphonie mobile se traduira par la démocratisation des tablettes bon marché, et la baisse des ventes d'ordinateurs. Compte tenu du coût élevé des installations informatiques (ordinateurs, serveurs et câblages), ainsi que de l'instabilité et du déficit d'énergie électrique, la solution la plus accessible sera le recours aux tablettes qui sont de plus en plus puissantes et de moins en moins chères par rapport aux ordinateurs.

Cette tendance va se matérialiser aussi par la facilité d'accès à ce type de technologie par des agents économiques (opérateurs économiques et PME) qui ne pouvaient pas, par le passé, se permettre un tel « luxe ». Ainsi, des applications de gestion de caisse et de gestion de stocks ou des ERP plus complets peuvent désormais être déployées sur de simples tablettes disposant de suffisamment de capacité et de mémoire pour les faire tourner comme sur un ordinateur. Une telle approche mobile de la gestion sera un moyen de permettre à des milliers de commerçants, artisans, paysans et professions libérales d'adopter de nouvelles façons d'appréhender leurs activités à travers l'automatisation de leurs processus de vente et de gestion, et le calcul automatique de leur marge bénéficiaire dans une optique de meilleure gouvernance. Elle constitue aussi un tremplin pour l'Etat et les collectivités territoriales dans la perspective de la réduction de la part de l'informel dans la production intérieure, et de l'accroissement subséquent des recettes fiscales.

Dans le secteur des transports, l'« ubérisation » des conducteurs de taxi-motos (zémidjans) serait une aubaine pour renforcer les options de mobilité dans nos grandes villes où l'absence d'un réseau routier conséquent (seules les grandes artères et quelques artères secondaires sont asphaltées) et le climat ensoleillé, empêchent toute possibilité d'instituer un modèle de transport en commun viable. A contre courant de la pensée dominante qui consiste à diaboliser systématiquement la pratique de cette activité, pourtant vivier d'emplois pour la jeunesse, les gouvernants devraient envisager sérieusement de prendre des mesures visant à faciliter l'introduction de motos non polluantes, voire électriques, et à renforcer la sécurité (physique et sanitaires) de ces acteurs.

Le recours aux services à valeur ajoutée peut en outre être un moyen efficace d'accroître les revenus des « zémidjans » en les mettant à contribution dans la construction d'un réseau national de services de livraison à domicile pour combler le déficit du secteur postal (insuffisance d'adressage des rue, de numérotation des habitations et de boîtes postales à domicile), au service du commerce électronique dont le boom à Lagos (Nigéria) voisin nous renseigne sur les perspectives pour notre pays.

Par ailleurs, l'émergence des drones civils et leur démocratisation progressive ouvre la possibilité que ces moyens de transports de nouveau type soient de plus en plus utilisés en Afrique pour la livraison de produits légers dans un premier temps, et avec l'accélération des innovations, pour le transport de biens relativement lourds, voire de personnes, suppléant de ce fait à l'insuffisance de réseaux routiers adéquats et désenclavant à moindre coût des zones difficiles d'accès. Les gouvernants doivent être conscients de cette perspective et proposer des solutions ambitieuses en vue non seulement d'accompagner mais également d'encadrer cette éventuelle mutation.

Dans le domaine de l'hôtellerie, Airbnb et les autres plate-formes de réservation d'hébergement sont des entreprises globales qui opèrent au Bénin depuis des années. Avec le probable développement du tourisme national (consécutif à l'accroissement progressif de la classe moyenne) et le renforcement de l'attractivité de la destination Bénin, l'émergence d'entreprises locales rendant le même service n'est pas à exclure. En favorisant désormais la mise à disposition par les particuliers de leurs habitats inoccupés ou des espaces non utilisés de leurs domiciles, ces innovations sont un tremplin pour notre pays où l'insuffisance du parc hôtelier traditionnel a toujours été considérée comme un frein au développement du secteur touristique. Là aussi, il est du devoir de nos dirigeants de s'éveiller à la rapidité des innovations et à mettre en place des cadres incitatifs pour libérer l'esprit entrepreneurial dans ce secteur.

Il en est de même dans le domaine de la restauration où des services en ligne de livraison à domicile de repas commencent à apparaître. Le rôle de l'État sera de faciliter les deux facteurs centraux pour le développement du commerce électronique que sont les transports (nous l'avons évoqué plus haut) et les paiements (Mobile money, cartes bancaires,...).

Les domaines régaliens de l'État

Le secteur public n'est pas en reste face à ces mutations. La digitalisation de l'administration publique apparaît désormais comme un facteur incontournable de performance et de bonne gouvernance. Ici, les « greffes technologies » peuvent permettre de réduire significativement le délai de délivrance de certains actes administratifs au profit des opérateurs économiques et des particuliers. La vision du gouvernement de rendre possible la réalisation de la plupart des démarches administratives à distance et de limiter au maximum la corruption ordinaire dans les services publics, donne à espérer.

Des choix plus audacieux en matière d'État civil peuvent par exemple consister à convertir les cartes nationales d'identité en cartes bancaires (comme au Nigeria), mesure qui dispenserait les régies financières de faire des paiements en espèces aux fonctionnaires et autres retraités d'État pour leurs salaires ou pensions. Ceci permettrait également d'interdire tout paiement de primes ou indemnités diverses en espèces aux fonctionnaires ou à tout autre prestataire de L'État dans une optique de transparence.

L'utilisation de logiciels open source est désormais une pratique courante dans plusieurs pays dans leur stratégie d'e-gouvernance.

En dehors de la carte d'identité nationale, la mise en place d'un fichier d'identification de chaque citoyen, permettra à l'administration de renforcer le contrôle et la traçabilité de ses relations avec les administrés. Une mesure similaire peut être adoptée en ce qui concerne le dossier médical unique dont l'objectif serait d'améliorer la performance du système de suivi de chaque patient dans nos formations sanitaires.

De même, la mise en place de l'open gouvernance a montré son utilité dans la lutte contre la corruption et pour la transparence de la gouvernance publique à travers l'ouverture de l'accès (de la plupart) des données publiques à tous les citoyens. Mais l'adoption de l'administration 2.0 ne doit en aucun cas se limiter aux seules administrations centrales, elle doit s'étendre à toutes les collectivités territoriales et à tous les offices d'Etat grâce à la mise en place de systèmes novateurs (whatsapp, twitter,...) permettant d'ouvrir un dialogue permanent avec les administrés afin d'être au plus près de leurs besoins au quotidien.

Dans le secteur de l'éducation, le recours aux tablettes numériques n'est déjà plus une option. La cherté des manuels scolaires et l'augmentation effrénée du nombre d'apprenants du fait combiné de la gratuité des frais de scolarité et de la croissance démographique, peinent à s'accorder avec la timide croissance du budget de l'État consacré à l'éducation. Les tablettes numériques constituent désormais une opportunité non seulement pour l'apprentissage des apprenants, mais aussi pour la formation des enseignants, et l'avènement d'une méthode d'enseignement inédite basée sur l'amélioration de l'interactivité entre le maître et l'élève, même en dehors des heures de classe.

Au niveau de l'enseignement supérieur, la révolution des MOOC (Massive Online Open Classes) offre aux étudiants une opportunité unique d'accéder à des cours gratuits des universités les plus prestigieuses du monde, pour peu qu'ils disposent d'une connexion internet adéquate. Toutefois, la plupart de ces cours étant en anglais, ils ne sont malheureusement pas tous accessibles à la majorité des étudiants. La question du renforcement de l'apprentissage en anglais de nos apprenants nous interpelle ici. A ce propos, la décision gouvernementale d'introduire la langue anglaise dès le primaire, nous parait judicieuse et cohérente avec la vision affichée pour le secteur du numérique.

Malgré le caractère bénéfique de la disponibilité des cours en ligne pour comprendre les modes de pensée dans ces grands centres du savoir, et des pays qui les abritent par la même occasion, il est de notre responsabilité de penser à mettre en place des programmes similaires dans toutes les disciplines et filières de l'enseignement supérieur au Bénin, de façon à suppléer à l'insuffisance d'amphis ou de places assises, et de permettre à tous les étudiants d'avoir un accès équitable aux ressources pédagogiques audiovisuelles, au-delà des simples fascicules de cours. Il en va de la qualité de notre système éducatif et de la performance des cadres qui y sont formés.

Les progrès en vidéo conférence et en techniques de communication sont aussi d'une grande utilité pour la promotion de la recherche scientifique à travers la collaboration entre des laboratoires locaux et étrangers (pays du sud ou pays occidentaux) dans une dynamique de transfert de savoir et de savoir-faire, sans qu'il y ait besoin de faire voyager les chercheurs. La même technologie peut être utilisée pour réaliser des économies d'échelle en développant des cours à distance ou des classes combinées au niveau national, en dispensant, de façon simultanée et en temps réel, des cours aux apprenants situés dans différentes localisations dans le pays.

Sur le plan culturel, l'insuffisance des moyens financiers pour l'érection de bibliothèques ou de centres de lectures publics peut-être contrebalancée par la mise sur pied d'une stratégie de promotion de livres numériques, en l'occurrence les livres dont l'Etat dispose des droits d'auteur ou ceux-tombés dans le domaine public. La numérisation de tous les travaux de recherche (mémoires et thèses) de nos centres universitaires et des archives nationales (textes, audios, vidéos), devrait constituer une priorité. Ceci vaut également pour la promotion de musées virtuels (le Bénin n'ayant pas encore les moyens de parvenir au ratio d'un musée pour 100.000 habitants, vu notre stage actuel de développement économique).

Par ailleurs, le renforcement de la présence du Bénin en ligne est une nécessité vitale pour accroître l'intérêt des populations à se connecter à internet. Ceci peut être réalisé par la création d'un portail internet pour toutes les structures de l'administration d'État, des collectivités territoriales et des offices publics. Mais cette stratégie doit être complétée par la consolidation de la place du Bénin dans les encyclopédies universelles. A cette fin, les exposés réalisés par les apprenants dans le monde scolaire secondaire et supérieur, peuvent être orientés de façon à faire la lumière sur tous les aspects du Bénin en tant que Nation (histoire, rois, villes, villages, personnalités, écrivains, événements, découvertes scientifiques, sites touristiques, religions,...). Ces informations doivent être diffusées dans les plus grandes encyclopédies du monde (en ligne notamment) et gagneraient à être présentées d'abord en français et en anglais, le temps d'être étendues aux autres principales langues internationales, et nationales (Fon, Dendi, yoruba).

Mais la consolidation de la réputation numérique du Bénin et la construction d'un cyberespace béninois plus dense et conforme à notre identité ne sauraient se faire ex-nihilo, sans une stratégie gouvernementale ambitieuse. Ainsi, il est à titre d'exemple inadmissible que la plupart des béninois continuent de se servir de comptes de messagerie et de portails internet étrangers (yahoo mail et gmail notamment) qui ne mettent aucunement l'accent sur l'actualité ou les événements concernant le Bénin (il n'y a toujours pas yahoo.bj) . Afin de remédier à cette léthargie collective qui dure depuis trop longtemps, il urge que les gouvernants se dotent d'une politique volontariste visant à promouvoir le nom de domaine « .bj », et à inciter les opérateurs privés par le biais de politiques spécifiques aux fins de les orienter vers le développement de services (ou la promotion de ceux déjà existants), visant à raffermir la culture et l'identité béninoises sur internet.

Sur le plan sécuritaire, nos gouvernants se doivent de définir des stratégies visionnaires afin de garantir la sécurité des données et des transactions effectuées par les béninois sur Internet, et de préserver ainsi la vie privée des internautes, tout en évitant que le pays ne soit exposé sans protection aux éventuelles cyber-attaques extérieures. La création d'un département au sein de la police nationale chargé de la cybersécurité et la constitution au sein des forces armées béninoises d'une division spécialisée dans la cyber-défense, sont en outre possibles à peu de frais. Inutile de rappeler à cet effet que désormais la maîtrise de la cybernétique et la capacité à résister/ riposter à toute attaque dans le cyber-espace, sont plus aisés à mettre en œuvre et peuvent même s'avérer plus efficaces que l'acquisition d'armements lourds.

Sur le plan économique, les opportunités de création de richesses et d'emplois sont légions dans le domaine du numérique. La création de la cité internationale du savoir et de connaissance (Sèmè City) prévue par le gouvernement, où la symbiose entre universités, incubateurs et services spécialisés, favorise la création de start-up et l'installation d'entreprises étrangères, ainsi que les possibilités de partenariats d'infogérance, de délocalisation et d'externalisation dans le domaine du numérique. A cet égard, les atouts sont essentiellement la disponibilité d'une main d'œuvre qualifiée et bon marché, et les politiques fiscales incitatives aux mains des gouvernants. Toutefois, la garantie d'une énergie permanente de qualité et la fiabilité des liaisons Internet professionnelles sont des préalables à la réussite d'un tel projet. Enfin, il convient de rappeler, encore une fois, la nécessité de la maîtrise de la langue anglaise comme un facteur accélérateur de ce processus, étant donné que la plupart des compétences et des méthodes de travail dans ce domaine sont en langue anglaise.

L'investissement dans les technologies à fortes valeur ajoutée telles que le cloud et l'intelligence artificielle, doit particulièrement retenir l'attention de nos gouvernants. Le "cloud computing" est rendu possible par la démocratisation de l'internet et de l'amélioration substantielle de la vitesse de connexion. Dans la perspective de devenir la première économie en matière de numérique dans la sous-région ouest africaine, le Bénin doit non seulement consentir les efforts nécessaires dans les infrastructures de communication internet, mais aussi alléger les conditions d'installation, afin d'inciter les opérateurs économiques à investir dans l'installation de fermes de serveurs (data-centers) pour accompagner cette technologie.

"Celui qui maîtrisera l'intelligence artificielle contrôlera le monde". Cette maxime suffit pour résumer l'enjeu des convoitises qu'attise cette technologie. Du profilage des individus, à l'aboutissement ultime de l' « homme augmenté » (puce électronique implanté dans le cerveau), en passant par les manipulations génétiques et l'amélioration des prédictions dans plusieurs domaines, les applications possibles sont innombrables et présagent des bouleversements qui toucheront tous les secteurs de l'économie.

Toutes les études réalisées ces dernières années démontrent que les entreprises les plus aimées au monde aujourd'hui sont celles qui utilisent beaucoup d'intelligence artificielle. Que ce soient les GAFA (Google Apple, Facebook, Amazon) aux Etats-Unis ou Tencent en Chine, ces entreprises sont également réputées pour capter systématiquement de fortes valeurs ajoutées par leur capacité à réaliser des innovations de plus en plus disruptives. Pays sous-développé et sans ressources naturelles, s'il y a bien un domaine où le Bénin dispose de fortes potentialités, c'est bien dans l'industrie de la connaissance. Investir dès maintenant dans les ressources humaines et les centres de recherche de pointe dans ce domaine, serait la meilleure stratégie pour profiter des retombées de cette technologie spécifique dans les prochaines décennies.

Conclusion

Les différentes stratégies que nous venons d'énumérer retracent le cadre général pour la mise en œuvre d'une politique visionnaire destinée à mettre à profit les innovations technologiques pour accélérer le processus de développement socio-économique du Bénin. Des plans d'opérationnalisation plus détaillés doivent être définis pour préciser les différentes actions à mener, afin d'aboutir à des objectifs chiffrés et assortis de délais.

Études de Cas

Introduction sur les études de cas

La philosophie derrière les études de cas de pays est qu'il est souhaitable de conduire des analyses approfondies sur la façon dont divers pays structurent et organisent divers secteurs et éléments de leur fonctionnement afin d'identifier des leçons spécifiques pouvant être appliqués aux challenges et problèmes observés au Bénin.

Avec plus de deux cent nations sur la planète et des siècles d'experimentation, quelque soit le problème qu'on sélectionne, il est vraisemblable de trouver un pays, une ville ou un royaume ayant connu et surmonté les mêmes challenges.

Il est opportun pour le Bénin de comprendre par exemple:
- Comment un pays insulaire comme l'Angleterre protège ses côtes contre les vagues rageuses de l'océan Atlantique
- Comment les États Unis, un pays dont certaines villes sont riches en marécages, est parvenu à éradiquer le paludisme et parvient jusqu'à présent à contrôler ses populations de moustiques
- Comment la Suisse et Singapour, des pays à priori sans ressources minières sont devenus aussi riches et prospères
- Comment le Vietnam, une ancienne colonie avec une histoire récente d'effroyables atrocités pendant l'invasion américaine, a pu développer un tissu industriel
- Comment l'Allemagne peut combiner une forte culture syndicale avec la plus grande et la plus productive économie en Europe

Dans cet ouvrage, seules la Suède, la Suisse et l'Allemagne sont présentées, mais d'autres études plus intéressantes se font actuellement au sein du think tank Bénin du Futur.

Agriculture et Commerce en Allemagne
(Dallys Medali, Décembre 2017)

Généralités

La République Fédérale d'Allemagne est actuellement la plus grosse économie européenne avec un PIB par habitant de 44.072 dollars en 2016 (contre 2.297 de dollars pour le Bénin). Le pays a une superficie de 357.340 kilomètres carrées (contre 114.763 pour le Bénin) et une population de près de 83 millions d'habitants (plus élevée de l'Union Européenne), soit 8 fois le Bénin. La capitale depuis la réunification est Berlin mais le siège du gouvernement et de la plupart des institutions est Bonn. 34% de la population est sans religion, 31% est catholique, 30% est protestante, et 5% est musulmane. Il existe un impôt prélevé directement sur les salaires au profit des institutions religieuses.

Agriculture

En Allemagne, l'agriculture fait juste un peu plus de 1% du PIB et emploie 3% de la population active (contre 20% en 1950). Le nombre de fermes en Allemagne a diminué de 2/3 entre 1950 et aujourd'hui, alors que la production a augmenté parce qu'elle est désormais plus efficiente et plus industrialisée. 35% du territoire est cultivé et ce pourcentage passe à 55% lorsque l'élevage est incorporé. En addition, 30% du territoire est occupé par les forêts et la sylviculture qui est la culture des grands arbres et regroupe le boisement, l'entretien et l'exploitation à but lucratif des ressources forestières.

La taille moyenne d'une exploitation agricole est de 32 hectares. Cette moyenne atteint 272 hectares pour la région de Mecklembourg où se trouvent les plus grandes exploitations.

Malgré cela, «près de 59 % des exploitations ne sont qu'une source de revenus secondaire pour les exploitants, qui sont obligés de travailler à côté, soit en ville, soit en faisant du tourisme agricole pour compléter leur revenu.»

Dans le contexte du Benin et des autres pays en développement, ce n'est pas évident au 21e siècle qu'un pays se développe ou que des paysans s'enrichissent en misant sur l'agriculture, encore moins l'agriculture non-mécanisée de petite surface. L'agriculture mécanisée qui est plus rentable demande beaucoup de capitaux, nécessite des subventions (pour être compétitive mondialement) et emploie peu de main d'œuvre. L'agriculture béninoise est vitale pour l'autosuffisance alimentaire du pays mais elle n'est pas la clé de la lutte contre le chômage ou la clé pour la croissance et la prospérité.

Les fermiers allemands commencent par embrasser la digitalisation et l'utilisation de technologies de e pointe, notamment pour optimiser l'application de pesticides et de fertilisants.

Depuis quelques décennies, la politique agricole allemande est essentiellement élaborée à Bruxelles par l'Union Européenne dont l'Allemagne est toutefois le membre le plus influent. Il s'agit de la Politique Agricole Commune dont les objectifs principaux sont d'assurer la compétitivité des exportations, de protéger les intérêts des agriculteurs, tout en assurant que les prix des produits restent abordables pour les consommateurs.

Les cinq principales productions agricoles sont:
• la betterave à sucre (3e producteur mondial),
• la pomme de terre (7e rang mondial),

- le blé (6e rang mondial) et qui occupe près de 20 % des surfaces cultivées,
- l'orge (3e rang mondial),
- le seigle (3e rang mondial).

Le cheptel est dominé par les porcs (l'Allemagne est le 4e producteur mondial) et les bovins (l'Allemagne est le premier producteur européen de lait de vache).

Le Benin n'est même pas Top 3 dans le coton qui est notre principale production et exportation. L'objectif devrait être d'être Top 3 dans toutes les cultures agricoles que nous embrassons et développons.

L'agriculture bio a peu décollé en Allemagne (quoiqu'elle soit appréciée par les consommateurs), du fait de la meilleure compétitivité des exploitations bio françaises et baltes.

Le département responsable de l'Agriculture en Allemagne est le ministère fédéral de l'Alimentation et de l'Agriculture (en Allemand: Bundesministerium für Ernährung und Landwirtschaft / BMEL). Ce ministère est chargé :
- de la sécurité et la bonne qualité des aliments et de la consommation ;
- de la régulation en matière agricole, forestière et halieutique ;
- de l'aménagement du territoire et de la préservation écologique et sociale des campagnes ;
- des questions concernant les animaux.

En dehors des services transversaux, le ministère est organisé en six sections :

- section 1 : Section centrale ;
- section 2 : Alimentation, Sécurité des produits, innovation;
- section 3 : Sécurité alimentaire, protection des animaux;
- section 4 : Espaces ruraux, Marchés agricoles;
- section 5 : Economie bio, Agriculture et sylviculture durables
- section 6 : Relations avec l'Union européenne, relations internationales, pêche

Le ministre fédéral est assisté par deux secrétaires d'État parlementaires et un secrétaire d'État. Le budget fédéral attribua au ministère un peu plus de 5 milliards d'euros pour 2007.

Le ministère exerce la tutelle d'un certain nombre d'organismes fédéraux :

- l'Agence fédérale biologique d'agriculture et de sylviculture
- l'Agence fédérale de recherche sur l'alimentation et les aliments
- l'Agence fédérale de la recherche sur l'élevage des plantes de culture
- l'Agence fédérale de recherche sur la pêche
- l'Agence fédérale de recherche sur l'économie du bois et la sylviculture
- l'Agence fédérale de recherche sur l'agriculture
- l'Institut Friedrich-Loeffler (pour la santé des animaux)
- l'Institut fédéral d'évaluation des risques
- l'Office fédéral pour la protection du consommateur et la sécurité des aliments
- l'Agence fédérale de l'agriculture et de l'alimentation

De façon générale, **l'organisation du ministère responsable de l'Agriculture en Allemagne est similaire à l'approche béninoise du Ministère de l'Agriculture, de l'Élevage et de la Pêche (MAEP) augmentée des directions environnementales.**

Commerce

L'Allemagne est le 3ᵉ plus grand exportateur du monde. En 2016, l'Allemagne a exporté pour 1.32 trillions de dollars et importé pour 1.05 trillions de dollars, soit une balance excédentaire de 273 milliards dollars. Les principaux produits exportés par l'Allemagne en valeur monétaire sont les véhicules, les composantes de véhicules, médicaments, les avions, les hélicoptères et des produits non spécifiés. Les principales importations du pays sont aussi : véhicules, composantes de véhicules, pétrole, médicaments et des produits non spécifiés. Les principaux clients à l'exportation sont les USA, la France, l'Angleterre, la Hollande et la Chine dans cet ordre. Les principales sources d'importations allemandes sont la Hollande, la France, la Belgique, la Chine et l'Italie. **Un facteur important à noter est le fait que la plupart des partenaires commerciaux de l'Allemagne sont ses voisins (France, Belgique, Angleterre, Italie, et Hollande).**

Les économies formelles du Bénin et du Nigeria ne sont pas encore suffisamment intégrées, et ces deux pays devraient tirer dans l'exemple allemand et mieux coopérer économiquement.

Note pédagogique sur la politique et la gouvernance en Allemagne (Rethices Fagbohoun, December 2017)

République fédérale de 82 millions d'habitants, divisée en 16 États (Landers), l'Allemagne contemporaine, autrefois empire allemand, s'est dotée depuis 1949 d'un système politique fondé sur les valeurs de la démocratie, de la dignité de la personne humaine et de l'État de droit. Que ce soit au niveau fédéral ou au niveau de chaque Lander, l'organisation politique s'articule autour des trois pôles majeurs (exécutif, législatif et judiciaire), le tout régit par une constitution. Les compétences des Landers se concentrent dans les domaines de la police, de l'éducation, du droit communal, de l'exercice des cultes et des médias. Mais leur autonomie peut aller au-delà notamment dans tous les domaines où aucune législation fédérale n'existe. C'est ainsi qu'ils peuvent même lever des impôts. L'État fédéral quant à lui a des compétences dans les domaines militaires, de la protection civile, de la citoyenneté et des relations internationales, sachant que « Le droit fédéral prime sur le droit de Land».

L'exécutif

Le pouvoir exécutif est dirigé pour une bonne part par le chancelier et de façon accessoire par le Président. Le dernier est élu tous les 5 ans par un vote à la majorité du bunderstag (parlement fédéral) et d'un nombre équivalent d'électeurs choisis par les parlements régionaux réunis en assemblée nationale. Son rôle est purement représentatif et symbolique. En cas de crise, il peut dissoudre le parlement et dispose du droit de grâce.

Le Chancelier est quant à lui le représentant du parti arrivé en tête des législatives. Il est élu tous les 4 ans. Il dirige le gouvernement, fxe les orientations politiques et est responsable des résultats qui en découlent. C'est le Véritable dirigeant Allemand. Son mandat étant illimité; l'actuelle Chancelière vient d'entamer son quatrième mandat à la tête de l'Allemagne.

Législatif

Le pouvoir législatif est exercé pour une large part par la bunderstag dont les membres sont élus pour moitié par un scrutin majoritaire à un tour, et pour l'autre moitié par la proportionnelle, chaque électeur disposant de deux voix. L'objectif est d'arriver à une configuration du parlement fidèle aux votes des électeurs tout en leur donnant la possibilité de choisir directement leurs représentants. Dénommé la diète fédérale, ce parlement élit le Chancelier, contrôle le gouvernement et donne leur légitimité aux autres institutions de l'État. Mais le système législatif est bicaméral. Le bundesrat (conseil fédéral) composé des émissaires des gouvernements régionaux doit valider toute modification de la constitution à la majorité des deux tiers. Il dispose par ailleurs d'un droit de veto, suspensif sur les lois ordinaires votées par le bundestag, et absolu sur les lois de consentement. Aucune élection n'est donc organisée pour désigner les membres du bundesrat, et sa composition varie au fur et à mesure des changements de gouvernement dans les Landers.

Le judiciaire

Un tribunal fédéral constitutionnel équivalent de la cour constitutionnelle au Bénin, vérifie et valide la constitutionnalité des lois. Ses seize membres sont nommés pour un mandat de 12 ans non renouvelable à part égale par les deux chambres. De plus un vote à la majorité des deux tiers de chaque chambre est requis pour la confirmation des juges constitutionnels.

Gouvernance

La réforme institutionnelle d'après-guerre (1949) s'est faite sur l'idée d'éviter que le pays ne retombe dans les travers qui ont conduit à l'avènement du nazisme. Cette hantise explique les choix du modèle politique et de mode d'organisation de l'économie, de gestion de la monnaie et des relations sociales en entreprise.

Du point de vue du modèle, politique, l'option d'un Chef de l'État aux privilèges symboliques, et d'un Chef du gouvernement (Chancelier) doté de pouvoirs étendus, est l'expression de la volonté des constitutionnalistes d'éviter qu'un Chef de l'Etat fort ne réussisse à nouveau à caporaliser les institutions de la République, comme a pu le faire en son temps Adolf Hitler. Le Chancelier tirant son pouvoir du parlement et le gouvernement étant issu d'une coalition de partis politiques, toute dérive dictatoriale est contenue. On peut faire ici le parallèle avec le modèle politique béninois caractérisé par les verrous portés dans la constitution pour prévenir toute perpétuation d'un régime pouvant déboucher sur une nouvelle dictature comme celle connue avec Mathieu Kérékou jusqu'en 1990. Même si le nombre de mandats du Chancelier allemand n'est pas limité, un certain consensus autour de son choix est assuré par le mode de scrutin parlementaire et sa désignation.

Pour ce qui est de l'organisation de l'économie, l'Allemagne contemporaine issue de la réunification de la RFA et de la RDA à la chute du mur de Berlin, a hérité de son histoire la prise en compte de la dimension sociale et de l'humain dans la conduite des activités économiques et la création de la richesse. C'est ainsi que bien qu'étant un pays capitaliste, les dispositions légales sur la cogestion imposent par exemple à toutes les entreprises de plus de cinq salariés de disposer d'un comité d'établissement de façon à associer les salariés aux prises de décisions liées à la politique des ressources humaines. Cette disposition est complétée par la nécessité pour les entreprises plus grandes d'attribuer 50% des droits de vote aux salariés au sein du comité de surveillance (Sorte de conseil d'administration) où ceux-ci ont le droit de regard sur la politique économique de l'entreprise. Ce genre de disposition caractéristique du capitalisme rhénan, permet de limiter les mouvements sociaux et contribuent à la cohésion sociale.

D'un point de vu monétaire, on se souvient que la cherté de la vie et le taux de chômage élevé, ont constitué des terreaux fertiles pour l'avènement du fascisme en Allemagne. De plus l'expérience du Reichsbank dans années 1920 reste encore présente dans les mémoires. C'est la raison qui justifie la grande rigueur que l'on observe dans la gestion budgétaire et les principes de fonctionnement de la Banque Centrale Européenne (largement influencée par ceux de la Buba). Le respect des critères de convergence et la maîtrise scrupuleuse de l'inflation ainsi que le maintien du taux de chômage à un niveau acceptable, sont autant critères qui fondent l'orientation de la gouvernance publique allemande.

Santé et services sociaux en Allemagne
(Mireille DIMIGOU, Décembre 2017)

La population Allemande est de 82 800 000 habitants et la proportion vivant en zone urbaine est de 73,9%. Les maladies non-transmissibles constituent 91% des décès. Parmi ces maladies non-transmissibles, les maladies cardiovasculaires sont en tête suivies par les cancers et l'obésité. Une importance capitale est accordée à la prévention. Le traitement de l'obésité n'est pas remboursé par l'assurance, l'individu prend le traitement en charge lui-même.

Les services sociaux

En Allemagne, il existe deux systèmes d'assurances, le publique et le privé. L'assurance publique couvre toute la population. A partir d'un salaire brut de 4050 euros l'assurance publique n'est plus obligatoire. Le système d'assurance privée favorise plus les célibataires sans enfant. De même, les allègements des cotisations salariales ne s'appliquent qu'à ceux qui ont un salaire inférieur à 800 euros.

Le principe de subsidiarité.

L'État central n'intervient pas pour les actions caritatives et les aides individuelles. Les services sociaux sont assurés sur tout le territoire national par les organisations caritatives telles que :

- Arbeiterwohlfahrt issu du mouvement ouvrier ;
- Caritas (catholique)
- Diakonisches Werk (luthérien)
- Croix Rouge
- DPW (un regroupement d'associations laïques)
- Zentralverband der Juden (juif)

Le service de l'aide sociale, le service de l'aide à l'enfance et le service de l'aide au logement sont assurés par les autorités locales. L'Allemagne incite voire même oblige sa population à retrouver du travail. Le salaire moyen dans le secteur industriel est de 34 euros l'heure, de 100 à 177 euros dans les secteurs de la distribution, les transports et le tourisme. Le salaire minimum mensuel en Allemagne est 1700 euros.

Note pédagogique sur l'Économie et les Infrastructures en Allemagne (Armand Tossou, Décembre 2017)

L'Allemagne est un pays d'Europe qui se situe entre la France, la Belgique, le Pays-Bas, le Danemark, la Pologne, la République Tchèque, l'Autriche, le Liechtenstein et la Suisse. Connu sous le nom officiel de République Fédérale d'Allemagne, le pays a adopté un régime de démocratie parlementaire. La superficie totale du territoire Allemand est de 357,027 km².

1. Données démographiques

La population totale de l'Allemagne est estimée à 82,1 millions (2017). Les taux de croissance et de fécondité sont faibles, estimés à 0,8% (2015) et 1,41% (2014). En 2014, les estimations de l'espérance de vie à la naissance sont de 77 ans et 9 mois pour les hommes et 82 ans et 10 mois pour les femmes. Au classement de l'ONU en 2012, l'Allemagne occupe le 5ème rang pour l' Indice de développement humain. Compte tenu du fort vieillissement, les projections de la population sont de 72,2 millions d'habitants à l'horizon 2030.

2. Données économiques

Avec un PIB de 3,619 milliards $ au prix courant, l'Allemagne est 4ème au plan mondial derrière les États-Unis, la Chine et le Japon. Cependant, le pays est 19ème au classement mondial du PIB par habitant avec 43,686 USD. Le Luxembourg (109,370 USD) et la Suisse (81,314 USD) sont les deux premiers à ce classement. Le taux de croissance économique est projeté à 1,6% en 2017. Avec 4,5% en 2016, le taux de chômage est relativement faible, le pays comptant plus de 43 millions d'employés. Le pays jouit d'un classement excellent en matière de liberté économique dans le monde et en Europe.

Le commerce extérieur occupe une place de choix dans l'économie, faisant pratiquement 84% du PIB. Ceci fait de l'Allemagne le troisième importateur et le troisième exportateur mondial. De plus, L'Allemagne jouit d'un excédent commercial impressionnant de près de 270 milliards USD en 2016. L'Union européenne est le premier partenaire commercial de l'Allemagne, suivi par les États-Unis et la Chine. L'exportation de voitures est importante dans le commerce extérieur Allemand.

L'Allemagne dispose d'une base industrielle solide. Le pays dispose de certains ports importants comme Hambourg, Bremerhaven et Kiel. Le financement des infrastructures de transports et des principales infrastructures sociales est assuré par le gouvernement fédéral, avec la contribution des collectivités locales.

Le vieillissement des infrastructures de l'Allemagne s'accentue actuellement du fait des dépenses insuffisantes du gouvernement. Quand bien même la qualité des infrastructures de transport reste élevée, la valeur globale des actifs publics allemands a diminué de 67 milliards d'euros sur les 15 dernières années. Les infrastructures sociales doivent être aussi renforcées.

Le pays doit développer des infrastructures électriques et des solutions de stockage afin de relever le défi qu'il s'est récemment lancé en matière énergétique. En effet, l'Allemagne veut fermer ses dernières centrales nucléaires d'ici 2022 et obtenir 80% de son approvisionnement énergétique de sources renouvelables, à l'horizon 2050.

Note pédagogique sur l'énergie électrique en Allemagne (Donald Houndjo, Décembre 2017)

Mix énergétique :

En Allemagne: 13% nucléaire, 57% thermique (43% charbon, 13% gaz naturel et 1% pétrole), 30% renouvelables (3% hydro, 6% solaire, 9% biofuels et 12% éolien)
Au Bénin: 100% thermique

Production : 693 TWh (Allemagne, 2016) / 1 TWh (Bénin, 2013)

La production en Allemagne s'élève à 693 TWh tandis qu'elle est d'environs 1 TWh au Bénin, avec une capacité installée estimée à 210 MW (2017).

Les deux pays n'ont ni le même niveau de développement économique, ni le même tissu économique ; ceci explique notamment la disparité entre les capacités de production installées. Concernant la superficie géographique de chaque pays, le territoire béninois est au moins 3 fois inférieur à celui allemand, avec une population presque 8 fois moins importante.

L'Allemagne a décidé de réduire la part de nucléaire dans sa production d'énergie et s'est engagée dans une transition énergétique en augmentant la part d'éolien, de solaire et d'autres sources dans son mix énergétique. Cependant, cette transition est un challenge non négligeable en termes de pilotage du réseau électrique et a induit une augmentation de la production des centrales à charbon.

Le Bénin peut arriver à une part importante de renouvelables dans son mix en développant les moyens de pilotage de son réseau. Les investissements en cours sur des capacités thermiques permettront à terme de soutenir une transition énergétique vers des sources renouvelables plus intermittentes et sollicitant un « back up » en services de pilotage de réseau.

Le Bénin est bien doté en ressource solaire et pourrait être un exemple en matière d'énergie solaire (photovoltaïque et thermique). Des actions sont déjà en cours dans ce sens par des promoteurs privés qui collaborent avec des collectivités locales pour installer des lampadaires photovoltaïques et des équipements avec des cellules photovoltaïques intégrées.

Le Ministère de l'Énergie ainsi que la Direction Générale de l'Énergie ont déjà en fin 2017, engagé quelques rencontres entre acteurs économiques et pouvoirs publics pour définir des feuilles de route de développement des installations solaires (raccordées au réseau ou autonomes et isolées). Cette initiative inclut aussi le petit éolien et la biomasse.

Réseau de distribution
Les taux de perte sur le réseau au Bénin étaient estimés à 24% en 2013 contre un standard européen avoisinant les 2%. Des efforts ont récemment été réalisés pour l'installation de nouveaux transformateurs et d'équipements de renforcement du réseau électrique

Santé et services sociaux en Suède
(Mireille DIMIGOU, Janvier 2018)

La Suède est une monarchie dotée d'un gouvernement parlementaire, elle a une population d'environ **9.4 Millions d'habitants repartis à plus de 80% dans les zones urbaines**. Le PIB par habitant, mesure comme pouvoir d'achat paritaire (PPP, au cours international du dollar américain) **valait en 2010, 37775** SEK (couronnes suédoises) 4200 euros.

L'espérance de vie en Suède est **parmi les plus élevée en Suède.**
Les maladies du système circulatoire constituent la première cause de mortalité, **soit environ 40% de tous les décès en 2009 ;** la deuxième cause est le cancer.

Le gouvernement comporte 3 niveaux indépendants :
- Le gouvernement national
- Les 21 conseils de comtés régionaux
- Les 290 municipalités.

La responsabilité principale pour **l'offre des services de soins de santé repose sur les conseils de comtés régionaux**. Les municipalités sont responsables des soins aux personnes âgées et handicapées. On note donc une répartition des cibles sanitaires permettant une meilleure prise en charge.

Le système sanitaire suédois est socialement responsable c'est-à-dire qu'il comporte un engagement explicite d'assurer la santé de tous les citoyens. Trois principes de base sous-tendent les soins de santé en Suède.

1. **Le principe de la dignité humaine** qui considère que tous les êtres humains ont le droit égal à la dignité et doivent avoir les mêmes droits, sans égard à leur statut dans la communauté ;

2. **Le principe du besoin et de la solidarité** selon lequel ceux qui nécessitent davantage ont préséance sur les autres;

3. **Le principe de coût-efficacité** qui signifie que, si un choix doit être fait entre diverses options de soins de santé, on établira une relation raisonnable entre le coût et les effets mesurés en matière d'amélioration de santé et de qualité de vie.

Les dépenses de soins de santé sont largement financées par les taxes, et s'élevaient à 9,9% du PIB en Suède en 2009. Près de 80% de toutes les dépenses de santé sont publiques. Les conseils de comtés régionaux et les municipalités prélèvent des taxes proportionnelles sur le revenu de la population pour couvrir les services qu'ils dispensent. Ces deux niveaux de gouvernement génèrent aussi des revenus grâce au financement de l'Etat et aux prélèvements auprès des utilisateurs.

Environ 4% de la population suédoise dispose d'une voluntary health insurance (VHI), dans la plupart des cas payée par l'employeur. Les fonds provenant de la VHI représentent environ 0,2% du financement total.

Au Benin, les opérations telles que la césarienne sont rendues plus au moins gratuites même si les populations prennent parfois en charge les kits opératoires qui ne sont pas toujours disponibles. Le financement de la santé est assuré par l'Etat, les organismes internationaux, les assurances et en majorité par les populations elles-mêmes.

Le système sanitaire Suisse

(Mireille DIMIGOU, Novembre 2017)

Selon les données de 2012 de l'Organisation Mondiale de la Santé, la Suisse se situe au deuxième rang des pays ayant la meilleure espérance de vie dans le monde après le Japon. L'espérance de vie en Suisse est de 85 ans chez les femmes et 81 ans chez les hommes. Cet écart entre les sexes tend progressivement à se réduire. Au siècle dernier, des travaux pionniers ont montré que les disparités socio-économiques exerçaient des effets sur la santé. C'est aussi le cas en Suisse: plus les niveaux de formation et de revenus des individus sont bas, plus leur état de santé et espérance de vie le sont également.

Les personnes qui élèvent seules des enfants sont particulièrement exposées dans leur santé. Les indicateurs de la situation professionnelle vont dans le même sens: les personnes sans emploi et les chômeurs se sentent en moins bonne santé que les individus actifs, tant sur le plan physique que psychique.

Pour mieux répertorier les affections et les maladies chroniques affectant la population suisse nous pouvons la repartir en quatre intervalles d'âges : les enfants de [0 ;10], [11 ;24],[25 ;64],[65 ;+[.

Les enfants sont surtout touchés par le surpoids qui est de 13% dans l'école infantile et passe à 22% à l'école primaire dans les villes Berne, Zurich et Bâle. De même, les divers accidents chez les enfants ne sont pas à négliger. Par exemple en 2011 en Suisse 290000 enfants ont été blessés dont environ 10000 dans des accidents de la route, 130000 en pratiquant un sport et 150000 à domicile ou lors d'autres activités de loisirs.

Les adolescents et jeunes adultes, dans des proportions supérieures à la moyenne, se sentent en bonne ou très bonne santé. Les problèmes psychiques n'en sont pas moins fréquents dans ces groupes d'âge, en particulier chez les jeunes femmes. Ainsi, 15% des jeunes filles et 8% des jeunes hommes affirment souffrir de symptômes dépressifs modérés à sévères, proportions qui diminuent par la suite. On parle souvent de suicide chez les jeunes. Les chiffres montrent en effet qu'il représente la deuxième cause de mortalité chez les jeunes hommes (32% des décès) après les accidents/actes de violence, et la troisième cause chez les jeunes femmes (13%), après les accidents/actes de violence et les cancers.

Les adolescents et les jeunes adultes se plaignent en particulier de maux de dos, lesquels peuvent avoir des causes somatiques ou psychiques. On sait que ces douleurs vont souvent de pair avec une dépression. Une jeune fille de 14-15 ans sur six affirme souffrir de maux de dos au moins une fois par semaine. La proportion est de un sur dix chez les jeunes hommes. Parmi les facteurs défavorables à la santé, l'excès de poids est très répandu chez les adolescents et les jeunes adultes. 24% des hommes et 15% des femmes de 16 à 24 ans sont en excès de poids. Autres facteurs défavorables: le tabagisme et la consommation excessive d'alcool. À l'âge de 15 ans, 13% des jeunes hommes et 10% des jeunes filles fument quotidiennement, des proportions qui augmentent ensuite fortement jusqu'à l'âge adulte. Dans le groupe des 20-24 ans, 41% des hommes et 19% des femmes disent s'enivrer au moins un fois par mois.

Les maladies chroniques s'installent progressent au cours de l'âge adulte. L'état de santé perçu évolue de manière importante au cours de l'âge adulte. La part des personnes qui se sentent en bonne ou très bonne santé diminue jusqu'à l'âge de la retraite, passant de plus de 90% chez les jeunes à environ 75% à la retraite. On en voit les effets en termes de mortalité. Les accidents, les actes de violence et les suicides, causes de mortalité les plus fréquentes chez les jeunes adultes, cèdent la place vers le milieu de la vie aux maladies cancéreuses puis, chez les personnes âgées, aux affections cardiovasculaires.

Le diabète est une maladie chronique typique dont la fréquence augmente avec l'âge. S'il ne touche qu'un enfant sur mille environ, pas moins de 9% des hommes et 6% des femmes âgés de 55 à 64 ans en sont atteints. Dès 75 ans, la proportion monte à 18% chez les hommes et 9% chez les femmes. Depuis des années, les taux de diabète dans la population adulte augmentent dans le monde et en Suisse. La progression de ce mal et des autres affections chroniques résulte du vieillissement démographique, ainsi que de l'évolution des modes de vie qui favorisent le surpoids.

Personnes âgées: bonne santé subjective, mais des risques liés à l'usage des médicaments. À partir des données disponibles, on estime que deux tiers des individus âgés d'environ 80 ans vivant en ménage privé, contre un tiers de ceux qui résident dans un établissement médico-social, se sentent en bonne ou en très bonne santé. En 2008, une dépression a été diagnostiquée chez 35% des personnes âgées de 75 à 84 ans résidant dans un établissement médico-social. C'est une part une fois et demie à deux fois plus élevée que chez les individus du même âge vivant à domicile.

L'importance de la prévention
Pour rester en bonne santé en Suisse, une importance est accordée à la prévention. L'accent est mis sur

- l'alimentation saine,
- l'activité physique,
- la limitation du tabagisme et de la consommation d'alcool,
- la vaccination,
- la protection contre les maladies sexuellement transmissibles et le VIH/Sida,
- les examens préventifs
- la santé psychique.

En matière d'assurance, en Suisse nous pouvons noter la présence de la caisse maladie La LAMAL assurance de base **(Loi fédérale sur l'Assurance MALadie)**

- Elle est **obligatoire et individuelle.**

- Elle couvre les coûts des consultations effectuées par les médecins, les prescriptions médicales, les frais d'hospitalisation en chambre commune, les frais de maternité et certaines prestations vaccins ou certains examens.

- **Les soins dentaires, l'optique ou les médecines douces (kinésithérapie)** ne sont pas pris en compte

- Le choix d'une franchise s'avère nécessaire, elle varie entre **300 et 2500 francs suisses**. De même pour se faire prendre en charge, il faudra atteindre sa franchise sinon les frais médicaux sont payés par le patient lui-même.

- Un délai de trois mois est donné pour se décider.

- La qualité des soins et du service est élevés.

Pour économiser, certaines sociétés d'assurances proposent de comparer à l'avance la franchise de chaque membre d'une famille, de se passer de la couverture d'accident, d'obtenir une subvention pour ceux qui ont des revenus modestes, de suspendre l'assurance pendant le service militaire et prendre des assurances complémentaires pour les domaines non couverts par la LAMAL. Payer à l'avance sa franchise est aussi une source d'économie car des rabais sont offerts.

Le système sanitaire est la deuxième cause d'endettement en Suisse. Puisque le quart du salaire est dépensé en primes d'assurance-maladie. Ainsi les subventions sont offertes par les cantons. La LAMAL est un système privé mais de plus en plus étatisé. Des efforts sont faits par les cantons pour que seulement 10% du salaire soit dépensé en assurance-maladie.

Note pédagogique sur la Sécurité et la Défense en Suisse

(Dallys Medali, Novembre 2017)

Généralités

La Suisse a une Population d'un peu plus de 8 millions d'habitants et la deuxième espérance de vie la plus élevée au monde juste derrière le Japon. Les Suisses mangent plus de chocolat au monde que tous les autres pays. La Suisse n'a pas de président, organise fréquemment des référendums. Elle est subdivisée en 26 cantons autonomes. Les cantons sont régis par beaucoup de lois dont certaines sont parfois bizarres. On peut citer par exemple les règles strictes sur la quiétude le dimanche dans certains cantons.

Le pays a un excellent niveau de vie, mais le coût de la vie très élevé. Les enseignants sont très bien payés. Ernesto Bertarelli ($11 milliards de fortune), un Suisse d'origine italienne, est le plus riche du pays. Il a fait sa fortune dans la biotechnologie et les industries pharmaceutiques. Le pays a le plus faible taux de criminalité en Europe. La Politique d'immigration est très conservatrice. Les 4 langues principales sont le Français, l'Allemand, l'Italien, et le Romanche. La Suisse n'a pas de port ou côte maritime.

Piliers du système de sécurité suisse

J'ai pu recenser neuf paramètres que je considère comme étant les piliers du système de sécurité en Suisse :

1. Une nation éduquée et une économie prospère

2. La stabilité et l'unité de l'Union Européenne (UE) et les accords entre Suisse et UE

3. La Neutralité perpétuelle de la Suisse (depuis 1815)

4. Le service militaire obligatoire pour les hommes

5. Le service de renseignement de la confédération (SRC)

6. Forces armées suisses (purement défensives) y compris les Forces spéciales suisses

7. Le réduit national (depuis 1933)

8. La paix du travail (depuis 1937)

9. La production locale d'armes de qualité

Histoire Suisse et parallèles avec le Bénin: Dominations et invasions allemandes, autrichiennes et françaises. Période sous domination française comme république helvétique avec un drapeau vert jaune rouge (qui rappelle celui des colonies françaises africaines) puis sous la Médiation de Bonaparte qui écrivit et supervisa la rédaction de la première constitution de la Suisse Moderne. La période d'annexion/protectorat français dura de 1798 vers 1815. (Les défaites de Napoléon en Russie et à Waterloo en Belgique changèrent la donne en Europe et eurent un impact sur la situation en Suisse.) **L'occupation française en Suisse fut donc beaucoup moins longue et brutale que la période d'occupation du Dahomey (actuel Bénin).**

La politique du réduit national (fortifications, camouflages, minages d'infrastructures et tunnels). Le réduit national fut théorisé au 19e siècle, lancé au 20e siècle en 1933, approuvé en 1940 par le conseil fédéral. Il a été reformé et partiellement démantelé depuis la fin de l'URSS dans les années 1990s. Il s'agit essentiellement d'un système d'autodestruction de ponts et routes pour compliquer la tâche aux envahisseurs en cas d'attaque (3,000 points ciblés). **Plusieurs bunkers** sont installés sur tout le territoire et en quantité suffisante pour abriter toute la population (et plus) en cas d'attaques nucléaires, surtout dans les régions montagneuses des

Alpes et du Jura (contrairement au plateau qui abrite la plupart des grandes villes et de l'activité économique). **Si ce n'était pas pour la cherté, la complexité technique et les éléments de risque, une politique du réduit national aurait été un outil idéal pour la défense territoriale du Bénin en cas d'une hypothétique invasion par un État voisin.**

La Paix du travail : Depuis 1937, la Suisse privilégie la négociation plutôt que les grèves, marches et autres manifestations pour la résolution des conflits entre employeurs et salariés.

La Neutralité perpétuelle de la Suisse remonte au 20 Mars 1815 et au congrès de Vienne. Elle a été signée par les signataires du traité de Paris (qui délimita les frontières et les territoires français après la défaite de Napoléon sur ses différents fronts en Europe), pas de guerre dans les 200 dernières années (la dernière date de 1814-1815 avec l'expulsion des troupes de Napoléon). La Suisse n'a pas été occupée pendant la Seconde Guerre mondiale ni par les membres de l'Axe ni par les Alliés. Toutefois, la neutralité n'est pas absolue. La Suisse fait des affaires avec tout le monde, surtout avec l'Allemagne nazie. La Suisse a été aussi bombardée par erreur plusieurs fois par les anglais (Geneva vs Genova) et par les allemands. La Suisse n'est ni membre de l'OTAN, ni membre de l'Union Européenne. Elle n'a joint les Nations Unies qu'en 2002. Toutefois, membre de l'espace Schengen et s'aligne généralement sur l'Europe en matière de sanctions contre d'autres pays.

Le Service militaire est obligatoire pour tous les hommes entre 19 ans et 34 ans et échelonné sur plusieurs années, pour une durée totale de 260 à 300 jours. Le service militaire est optionnel pour les femmes. Les hommes qui ne sont pas aptes pour effectuer leur service militaire paient 3% de taxes additionnelles comparativement aux autres jusqu'à 30 ans.

La Cyber sécurité au niveau fédéral, est gérée par trois agences : le département de la défense (DDPS), le département de la justice et de la police (DJPF), et le département des finances (DF). Un important budget a été alloué pour le renforcement des capacités de la Suisse dans le domaine (2 milliards de francs suisses sur plusieurs années), mais les détails de son utilisation sont classifiés. Les entreprises notamment dans le secteur financier prennent aussi des dispositions à leur niveau.

La Suisse est un **producteur et exportateur d'armes**. Les principales sociétés/usines de production d'armes: Swiss Arms (ex-SIG), RUAG, Mowag et Oerlikon.

Il convient de souligner le **fort taux d'armement de la population** (3e taux le plus élevé au monde) qui s'explique par le fait que les gens rentrent avec leurs armes pendant et après le service militaire.

Infos sur le personnel militaire et les finances (les chiffres fluctuent dans le temps)

La Suisse a une armée de terre et une armée de l'air mais pas d'armée navale. Le Budget militaire annuel suisse : 4.7 milliards de dollars (en 2014), 4 milliards ou **4000 millions de dollars** en 2010 soit **0.8% du PIB. Le Budget militaire annuel béninois : 68 millions de dollars en 2010 soit 1.1% du PIB.**

L'effectif mobilisable en Suisse est de 4 Millions dont 3 Millions individus aptes pour le combat.

Personnel actif : 140,000.

Réserves actives : 77,000.

90,000 suisses atteignent l'âge militaire chaque année. Compte tenu de la mutation des risques géopolitiques avec tous les anciens ennemis suisses désormais unis dans l'UE, la Suisse compte réduire son armée de 217,000 forces actives (140,000 + 77,000) vers environs 80,000 en 2020.

L'effectif des forces armées béninoises est d'environ 11,100 (chiffres exacts actuels non connus). De façon générale, on peut dire que l'armée béninoise est environs 10 fois plus petite que celle de la Suisse.

La Garde pontificale suisse du Vatican est constituée de volontaires suisses. La Suisse participe aux opérations de maintien de la paix dans le cadre des Nations Unies

Grandes unités de l'Armée Suisse :

- quatre brigades d'infanterie
- trois brigades d'infanterie de montagne
- deux brigades blindées
- une brigade logistique
- une brigade d'aide au commandement
- quatre brigades territoriales

Équipements ou Armes principales de l'Armée Suisse: (les chiffres fluctuent dans le temps)

- 380 chars léopard modernisés PZ-87
- 1500 chars de grenadiers M113
- 186 chars de grenadiers Fiat 2000
- 120 chasseurs de chars Piranha Tow

- 45 canons Oerlikon de 35 mm de DCA

- 288 engins guidés de DCA Stinger

- 54 unités de feu engins guidés de DCA Rapier

- 224 SPGs (self-propelled guns)

- 1,032 véhicules blindés (AFVs)

- 63 avions militaires chasseurs/intercepteurs

- 61 avions militaires transporteurs

- 53 avions d'entrainement

- 43 hélicos.

La Suisse, un modèle de démocratie directe

(Rethices Fagbohoun, Novembre 2017)

Établie dès 1291, la Suisse est une confédération de 26 cantons, composés de 2240 communes regroupées autour d'un idéal commun basé sur des valeurs de démocratie directe et de liberté. En effet, connue de par le monde pour son système financier, le pays est aussi un des modèles de démocratie les plus aboutis qui existent. Dans certains cantons, les votations publiques continuent de se faire à mains levées (Landsgemeinde) comme dans la Grèce antique. Cette grande tradition démocratique profondément ancrée dans la culture helvétique en fait un des pays où on vote le plus. Ainsi, chaque année, les citoyens sont conviés à pas moins de quatre votations, et les élections au niveau national, cantonal et communal rythment la vie politique avec ses quelques 150.000 élus sur une population totale de 8.000.000 habitants.

Comme dans toutes les grandes démocraties, l'organisation politique de la confédération suisse est polarisée autour de trois pouvoirs principaux: l'exécutif dénommé conseil fédéral, le législatif composé d'une assemblée bicamérale, et le judiciaire fait de tribunaux au niveau fédéral et cantonal. Étant un État fédéral, les institutions que l'on retrouve au niveau national au niveau de chaque pouvoir existent aussi sous d'autres déclinaisons au niveau cantonal et communal. Mais la particularité suisse réside dans le mode d'élection et de désignation des membres qui meublent ces différents pouvoirs.

Au niveau exécutif, la Suisse est dirigée par un collège de 7 membres élus par l'assemblée nationale. Ce collège fonctionne selon le principe de la non-hiérarchisation, de sorte qu'un d'entre les conseillers est nommé chaque année pour faire office de président de la confédération suisse. Doris Leuthard du parti démocrate-chrétien (PDC) est l'actuelle présidente en exercice. A ce titre, elle exerce des fonctions représentatives en Suisse et à l'étranger et préside les cérémonies officielles. Toutefois, même si elle dirige le conseil fédéral et tranche les votes en cas d'égalité des voix, elle ne possède aucune préséance particulière, ni autorité sur ses collègues et ne peut par conséquent être considérée comme un chef d'État au sens où on l'entend ailleurs.

Les sept membres du conseil fédéral occupent chacun un département ministériel et sont issus des principaux partis politiques du pays selon une "formule magique" qui assure le consensus autour de la répartition des sièges. Depuis 1930, cette règle non écrite fait de la Suisse un des rares pays où il n'y pas de véritable parti d'opposition. Tous les courants politiques sont présents au gouvernement, ce qui force à la recherche permanente de consensus dans la gouvernance du pays. Le système de la concordance vécu comme un principe à valeur républicaine oblige les membres du conseil fédéral à soutenir les décisions du conseil même s'ils ont voté contre.

Par ailleurs, un chancelier fédéral qui n'est pas chef du gouvernement est désigné par l'assemblée nationale et est chargé de l'administration des activités du conseil fédéral et des relations avec le parlement.

Au niveau législatif, le bicaméralisme intégral est de mise avec l'élection pendant 4 ans d'un conseil national composé de 200 représentants et d'un conseil des États (Cantons) composé de 46 sénateurs. L'occupation de la fonction d'élu n'est pas incompatible avec l'exercice cumulé d'une profession. Les textes de lois, pour être votés doivent obtenir l'aval des deux chambres à la fois. Cette disposition légale se traduit par des va-et-vient réguliers entre les deux chambres afin d'aboutir à un texte consensuel. Mais l'exclusivité de la législation n'est pas réservée aux seuls représentants élus. En effet, des votations sont organisées chaque année pour recueillir l'avis des citoyens sur des problématiques particulières (traités internationaux, questions de société, etc.). De même, des référendums peuvent être organisés, soit pour valider un texte voté par l'assemblée nationale, soit à l'initiative des citoyens. La marge de manœuvre dont disposent les citoyens oblige les représentants élus à rester à l'écoute des préoccupations de leurs mandants, au risque de se voir rappelés à l'ordre à la faveur d'un référendum facultatif.

L'organisation des élections fédérales se fait au niveau cantonal, chaque canton constituant de fait une circonscription électorale. Pour acquérir une envergure nationale, les partis politiques doivent donc faire de bons scores dans la plupart des cantons. Généralement, les partis politiques opérant au niveau communal ou cantonal se voient obligés de former des alliances en vue de remporter des sièges à l'assemblée fédérale.

Par ailleurs, il n'existe pratiquement pas de législation sur le financement des partis politiques, ni une quelconque obligation de déclaration des dépenses de campagne. La principale source de revenus des partis politiques réside dans les dons et contributions de leurs membres, et des entreprises privées.

Au niveau du pouvoir judiciaire, comme pour les autres pouvoirs, on retrouve trois niveaux de juridiction (niveau fédéral, cantonal et communal). L'assemblée nationale nomme les juges fédéraux sur proposition de la commission judiciaire. Le grand conseil de chaque canton nomme les juges cantonaux.

Contrairement au système judiciaire béninois, il n'existe pas de cour constitutionnelle.

Le Bénin peut-il s'inspirer du modèle d'organisation politique suisse ?

Même si les deux pays ont une démographie similaire, le Bénin et la Suisse sont fondés sur des bases philosophiques et culturelles clairement disparates.

Après moult années d'instabilité et de tâtonnements, le Bénin a abouti à un régime présidentiel stable depuis 1991. De son côté la Suisse est aujourd'hui gouvernée par un collège de conseillers fédéraux sans véritable chef.

D'un point de vue culturel, l'existence d'un Chef est ancrée dans nos traditions béninoises. Le besoin d'une autorité suprême exerçant un pouvoir sans partage explique le fait que même le partage du pouvoir exécutif entre un Président et un Premier Ministre n'a jamais vraiment fonctionné malgré les multiples tentatives. De plus, les souvenirs malheureux de l'expérience du triumvirat (monstre à trois têtes) dans les années 1960 avec son lot de mesquinerie et de coups bas, nous renseignent sur l'inadaptation du partage du pouvoir exécutif sous nos cieux.

Quant à la pratique de la démocratie semi-directe, elle nécessite la mise à disposition des citoyens de l'information et des outils pour leur faciliter la prise de décision. Avec un taux d'alphabétisation qui avoisine les 40% contre 99% en Suisse, difficile d'imaginer que le Bénin peut mettre en place un système de démocratie à l'instar du modèle helvétique. Car cela suppose certes la sensibilisation, mais aussi l'aptitude intellectuelle des citoyens à s'informer pour prendre la meilleure décision au moment de voter. Par ailleurs, le coût de ces consultations électorales constitue également un argument suffisant pour dissuader les gouvernants de s'engager dans cette voie. De même, la corruption électorale et l'achat de conscience, aggravés par l'illettrisme d'une partie de la population, sont autant de paramètres susceptibles d'annihiler les efforts qui viseraient à accroître l'implication du peuple souverain dans la prise des grandes décisions touchant à l'avenir du pays.

Il en est de même du système partisan béninois. Avec son cortège de commerce électoral sur fond de multipartisme intégral, il se verrait d'autant plus fragmenté si le pays adoptait un modèle de démocratie directe débouchant sur l'érection de mouvements politiques de plus en plus sectaires et régionaux. Qui plus est, le niveau d'indigence d'une grande partie de la population n'offre aucune possibilité pour la collecte des dons des citoyens au profit du financement des activités des partis politiques. Le seul moyen de subsistance de ces formations politiques provient des contributions des groupes d'intérêts privés, ce qui est de nature à alimenter la corruption et à maintenir les couches vulnérables dans un état de paupérisation sans issue.

Enfin, la Suisse est un État fédéral doté d'une organisation typique alors que le Bénin est une République unique et indivisible sans aucun marqueur régional particulier. Il n'est pas aisé d'envisager des voies de réplication de l'organisation politique de l'un vers l'autre. Tout au plus pourrions-nous prendre la liberté de leur emprunter les bonnes pratiques en matière de gouvernance et de lutte contre la corruption.

Comparaison sommaire des administrations territoriales suisses et béninoises

	Suisse	Bénin
Démographie	8 372 000	10 876 000
Superficie	41 285 km²	114 763 km²
Exécutif		
	01 Président du Conseil (7 membres égaux)	Président de la République
	07 départements ministériels	22 Ministres
	26 Conseils cantonaux	12 départements
	2240 communes*	77 communes
Législatif		
	Conseil national (200 élus)	
	Conseil des États (46 élus)	83 députés
	Grand conseil cantonal (50 à 180 par canton)	
	Assemblée communale (60 à 80 par commune)	Communales (449 conseil.)
Judiciaire		
	-	Cour constitutionnelle
	Tribunal fédéral	Cour suprême
	Tribunaux cantonaux	Tribunaux de 1ère instance.
	Tribunaux communaux	Tribunaux de conciliation
Nbre Élus	150.000	26.533

*au 2 avril 2017

Note pédagogique sur l'économie et la finance en Suisse

(Armand Tossou, Novembre 2017)

Située entre l'Allemagne, l'Autriche, la France, le Liechtenstein et l'Italie, la Suisse est un pays d'Europe doté d'une population de 8.372 millions d'habitants en 2016. Le pays s'étale sur une superficie totale de 41,285 km² et comprend 26 cantons.

Une des économies de marche les plus performantes en Europe et au monde. Au classement 2017 de l'indice de liberté économique, la Suisse est No. 1 en Europe et No. 4 au monde, avec une note de 81,5/100.

En 2016, le PIB de la Suisse était de USD 659.8 milliards, soit près de 77 fois celui du Bénin.

Depuis les années 1990, le PIB par habitant a cru en dents de scie entre -4% et 5%. Cependant, la croissance indexée sur le niveau de 1992 montre une évolution presque constante.

Étant un petit pays sans ressources en énergies fossils, la Suisse a organise son économie autour des secteur secondaire et tertiaire. Le poids du secteur primaire est donc négligeable, contribuant moins de 1% du PIB et employant a peine 3,2% de la population active (http://www.lemoci.com/fiche-pays/suisse/#ancre2). L'économie s'est aussi focalisée sur l'exportation des biens de grande valeur (machines-outils, chimie et industrie pharmaceutique, instruments de précision, montres et bijoux, etc.). Les échanges extérieurs du pays dégagent un excédent de la balance commerciale qui se chiffre a environ 10% du PIB.

La Suisse a bénéficié d'une croissance de sa consommation intérieure qui surpasse la moyenne dans la zone euro.

La Suisse utilise le franc Suisse (CHF) dont la parité tourne autour de 1.01 USD, 0.86 euros ou 562.73 FCFA (source: www.xe.com). Selon l'indice Big Mac, le coût de la vie en Suisse fait partir des plus élevés au monde.

La Suisse jouit d'un taux de chômage des plus bas au monde. L'estimation est de 3% en juin 2017 (Le Figaro), comparé à 9,5 % en France (INSEE).

Comptant parmi les plus importants au monde, le système financier occupe une place de choix dans l'économie Suisse. En 2003 par exemple, ce secteur représentait 14% du PIB et avait occupe 5,6 % de la population active Suisse (Wikipedia). La bonne santé du secteur bancaire Suisse profite de la stabilité politique et économique du pays, mais surtout du principe du secret bancaire qui fait de la Suisse presqu'un paradis fiscal. Les services de gestion de la fortune attirent les capitaux étrangers.

Le système éducatif suisse
(Luc Houngbe, Novembre 2017)

Introduction

En suisse, 1,5 million d'étudiants vont à l'école chaque jour, ce qui représente plus de 19% de la population. Selon les cantons, les cours sont donnés soit en allemand, soit en français, soit en italien, soit en romanche.

Le système éducatif suisse est gratuit et obligatoire. Tous les enfants doivent aller à l'école, y compris les enfants étrangers. Généralement, l'éducation obligatoire commence à 7 ans et dure pendant 9 ans. La plupart des enfants vont à la maternelle pendant deux ans avant d'entrer à l'école primaire.

L'éducation suisse est reconnue à travers le monde. Les étudiants suisses obtiennent généralement des scores supérieurs quand on évalue leurs connaissances en mathématiques et en sciences avec des étudiants d'autres pays européens.

Le système éducatif suisse est décentralisé et est géré à trois niveaux: fédéral, cantonal et municipal. Le gouvernement fédéral supervise l'éducation à travers le pays et est responsable du caractère obligatoire de l'école. Cependant, à cause de la diversité de culture et de langues à travers la Suisse, chacun des 26 cantons gère son propre système éducatif.

Différences entre les cantons

Les cantons bénéficient de beaucoup d'autonomie pour leur système scolaire. Ils choisissent la structure de leur système éducatif, leurs programmes et les dates des vacances. La conférence des directeurs cantonaux de l'éducation publique essaye de coordonner les systèmes scolaires mais leurs pouvoirs sont très limités. Le gouvernement fédéral et les gouvernements des cantons partagent les responsabilités pour l'éducation supérieure.

Si votre enfant est un élève dans une école suisse, vous risquez d'avoir quelques problèmes pour le transférer d'un canton à un autre. Les cantons peuvent avoir différents calendriers, programmes ou méthodes éducatives.

Plusieurs propositions ont été faites pour standardiser le système éducatif suisse. Les directeurs cantonaux d'éducation ont proposé un système éducatif obligatoire avec deux ans de maternelle, suivis de neuf ans d'école. Cependant, seuls quelques cantons ont adopté cette réforme pour l'instant.

Une autre critique du système éducatif en Suisse est que les horaires des écoles ne sont absolument pas adaptés aux parents qui travaillent. Il n'y a pas assez de services d'accueil périscolaire et les parents doivent donc venir chercher leurs enfants à l'école à des heures inconvenantes ou payer des nourrices pour le faire.

Il n'y a pas d'uniformes scolaires en Suisse, bien que cette idée ait été récemment discutée.

Les écoles en Suisse

Éducation primaire et secondaire

En Suisse, les cantons gèrent leurs propres systèmes éducatifs. Ils peuvent choisir quelles langues sont enseignées dans quelles écoles, la durée des journées et l'âge où l'école devient obligatoire.

Cependant, la structure du système éducatif suisse est à peu près la même dans tous les cantons et est divisé en trois niveau, détaillés ci-dessous.

Maternelle

La maternelle n'est pas obligatoire dans tous les cantons mais la plupart des enfants (98%) vont à l'école maternelle (école enfantine/ Scuola dell'infanzia) pendant deux ans avant de commencer l'école primaire. Généralement, les enfants entrent à la maternelle à quatre ans.

Dans certains cantons comme Zurich ou Genève, la dernière année de maternelle est obligatoire. Les maternelles publiques sont gratuites.

À la maternelle, les enfants ont de l'art, des travaux manuels, de la musique, de la danse, des jeux éducatifs, des activités sur la perception, des activités d'écoute et, durant la dernière année, ils apprennent les bases de l'écriture, de la lecture et des mathématiques. Les écoles maternelles suisses sont connues pour avoir des méthodes d'enseignement très créatives.

École primaire

L'école primaire (Primarschule/ scuola primaria o elementare) est obligatoire pour tous les enfants suisses à partir de 6 ans. Selon le canton, l'école primaire peut durer entre quatre et six ans, la durée moyenne de l'école primaire étant généralement de cinq ans.
Les écoles primaires sont mixtes mais elles n'enseignent en général qu'une seule langue (allemand, français, italien ou romanche). Les enfants vont généralement dans des écoles qui enseignent dans leur langue natale. Toutes les matières sont enseignées par un seul professeur.

Vous pouvez envoyer votre enfant dans une école primaire publique ou privée. Les écoles publiques sont gratuites mais vous pourrez cependant avoir à payer pour les fournitures scolaires, les affaires de sport, les livres et les voyages scolaires.

Ecole secondaire

Après l'école primaire, les étudiants sont séparés selon l'orientation qu'ils souhaitent. Ils peuvent choisir entre un cursus académique ou des écoles professionnelles. Ceux qui choisissent de suivre un cursus académique rentrent au collège/lycée (Gymnasium ou Kantonsschule), pour obtenir leur Matura (baccalauréat) à la fin. La Matura est nécessaire pour rentrer à l'université. Les cours professionnels mènent à un diplôme professionnel.

Les collèges/lycées sont divisés en deux niveaux: le secondaire inférieur (collège) et le secondaire supérieur (lycée). Au collège, les élèves étudient différentes matières: leur langue régionale (allemand, français, italien ou romanche), deux langues étrangères (généralement anglais et allemand, français ou italien), les mathématiques, les sciences naturelles, l'histoire géographie, l'éducation civique, l'économie, l'art, la musique et le sport. Les enfants reçoivent également des conseils sur leur orientation et une préparation professionnelle.

A la fin du collège, les enfants choisissent ce qu'ils veulent étudier (soit académiquement, soit pour leur carrière). Une fois qu'un élève a fini le collège, l'éducation n'est plus obligatoire.

Pendant le lycée, les étudiants qui suivent un cursus académique doivent choisir entre différents lycées spécialisés permettant d'obtenir une Matura. Il existe six différents types de lycée: Maths et Sciences (Matematisches und Naturwissenschaftliches Gymnasium), Langues modernes (Neusprachliches Gymnasium), Langues classiques (Altsprachliches Gymnasium), Lycée d'Économie

(Wirtschaftsgymnasium), Lycée de Musique et d'Art (Musisches Gymnasium) et Lycée de Sport (Sportgymnasium).

À 18 ou 19 ans, les étudiants passent leur examen de la Matura. En l'obtenant, ils deviennent éligibles pour rentrer à l'université.

Les étudiants peuvent également entrer dans un lycée professionnel (Berufslehre) pour leur éducation secondaire. Pour entrer dans un lycée professionnel, ils doivent généralement passer un examen d'entrée. À la fin du lycée professionnel, les étudiants continuent leur études vers dans une Fachhochschule (école technique) ou une Höhere Fachschule (école professionnelle).

Inscription dans une école suisse

Tous les enfants entre 6 et 15 ans Suisse doivent s'inscrire dans une école primaire ou secondaire. Vous aurez le choix entre de nombreuses écoles, en particulier si vous vivez dans une grande ville. Pour inscrire votre enfant, la plupart des cantons demandent les documents suivants:

* Certificat de naissance ou livret de famille
* Une attestation de votre assurance santé
* Un permis de résidence

Les différents cantons ont des procédures d'inscription différentes donc assurez vous de bien vérifier avec le département cantonal d'éducation comment inscrire votre enfant.

Pour simplifier, il est cependant possible pour présenter schématiquement le système suisse d'éducation de le diviser en trois niveaux :

1. le primaire (divisions élémentaire et moyenne)

2. le secondaire,

3. le tertiaire.

L'école obligatoire constitue la base du système scolaire suisse. Celle-ci dure généralement neuf ans. Elle est répartie entre le degré primaire et le degré secondaire I. Dans la plupart des cantons, le degré primaire dure 6 ans. Le degré secondaire I y fait suite, généralement pour une durée de 3 ans. Avec lui s'achève l'obligation scolaire.

En principe, l'âge des enfants est arrêté au 30 juin; ainsi les enfants d'une même classe ont le même âge à la rentrée. Ce système est différent de système français qui utilise l'année civile pour mesurer l'âge scolaire d'un enfant.

- 1 Degré préprimaire <u>école maternelle</u> ou école enfantine est obligatoire dans certains cantons
- 2 Degré primaire (école primaire) dure 6 ans
- 3 Degré secondaire I
- 4 Degré secondaire II
  - Le degré secondaire II constitue la première phase de la scolarité post-obligatoire, sauf à Genève où la scolarité reste obligatoire jusqu'à 18 ans révolu. Il comprend tous les programmes de <u>formation professionnelle</u> et de formation générale (<u>école de culture générale</u> et <u>école de maturité</u>).
  - Maturités : Le gouvernement suisse et les cantons ont décidé, en <u>1995</u>, de réformer la <u>maturité gymnasiale</u>. La nouvelle réglementation prévoit un seul type de maturité, une réduction

du nombre de matières d'études et d'examens ainsi qu'un travail de maturité. Ces réformes ont été concrétisées à partir de 2003. En 1993 déjà, avec l'introduction de la maturité professionnelle, le gouvernement et les cantons ont exprimé leur volonté d'améliorer les conditions générales de la formation professionnelle. La maturité professionnelle est basée sur la pratique et doit permettre aux diplômés d'entamer des études dans une haute école spécialisée. Il existe actuellement six maturités professionnelles différentes: technique, commerciale, artisanale, artistique, santé-sociale, et technico-agricole.

- 5 Enseignement supérieur

L'enseignement supérieur est également appelé degré tertiaire de l'éducation. L'offre de formation à ce niveau en Suisse est très importante. Elle se divise principalement en deux domaines, celui des hautes écoles et celui de la formation professionnelle supérieure.

- Le domaine des hautes écoles comprend les hautes écoles universitaires (universités cantonales et écoles polytechniques fédérales) ainsi que les hautes écoles spécialisées, les hautes écoles pédagogiques et les écoles supérieures.

- Le domaine de la formation professionnelle supérieure est constitué par toutes les autres formations de degré tertiaire préparant au brevet fédéral ou au diplôme fédéral. La formation professionnelle supérieure se caractérise par une offre large et diversifiée d'institutions privées.

Note pédagogique sur la production d'énergie électrique en Suisse (Donald Houndjo, Novembre 2017)

Etude comparée par rapport au Bénin

Superficie : 41 285 km2 / 114 763 km2

Nombre d'habitants : 8,4 M hab (2016) / 10,4 M hab (2015)

PIB (PPA) par habitant : 59 K$ (2014) / 2 K$ (2014)

Mix énergétique : 35% nucléaire, 1% gaz, 64% renouvelables (57% hydro, 2% solaire, 5% biofuels et 3% autres) en Suisse / 100% thermique au Benin

Production : 61 TWh (2016) / 1 TWh (2013)

La production en Suisse s'élève à 61 TWh

Au Bénin, la capacité installée est estimée à 210 MW (2017).

Les deux pays n'ont pas le même niveau de développement économique ni le même tissu économique ; ceci explique notamment la disparité entre les deux pays sur les capacités de production installées malgré une superficie du territoire béninois 2,5 fois supérieure à celle de la Suisse et une population presque 1,5 fois plus importante et plus jeune au Bénin.

Le mix énergétique Suisse est composé à 35% de nucléaire et 64% de renouvelables dont 57% d'hydro et 2% de solaire. En retenant la capacité installée suisse en sources renouvelables comme objectif, le Bénin pourrait difficilement atteindre la cible de 35 MW en hydroélectricité, vu le relief plutôt plat et les rares dénivelés du paysage béninois. Néanmoins, le fleuve Niger longeant la frontière du Bénin avec le Niger pourrait représenter un potentiel non négligeable, ainsi que quelques lacs pouvant représenter des réservoirs pour des centrales équipés de turbines hydroélectriques à basse chute.

L'hydroélectricité n'est pas à bannir du mix énergétique béninois car des pico- et micro- centrales (10 à 500 kW) peuvent être développées de façon diffuse sur le territoire. Pour soutenir cette filière, une cartographie des débits des différents cours d'eau et la production d'études environnementales devraient permettre d'identifier un gisement pertinent.

Par contre, le Bénin est mieux doté en ressource solaire et devrait pouvoir être un exemple en matière d'énergie solaire (photovoltaïque et thermique). Des actions sont déjà en cours dans ce sens par des promoteurs privés et des collectivités : à savoir des lampadaires photovoltaïques, des équipements avec des cellules PV intégrés.

Réseau de distribution
Les taux de perte sur le réseau au Bénin étaient estimés à 24% (2) en 2013 contre un standard européen avoisinant les 2%. Des efforts ont récemment été réalisés pour l'installation de nouveau poste de transformation et d'équipements de renforcement du réseau électrique.

Contenu

Introduction sur Benin du Futur

Articles et Essais sur l'Education

+ Aperçu historique sur l'Éducation nationale au Bénin (Tokpo, Septembre 2015)

+ Organisation institutionnelle de l'éducation au Bénin (Tokpo, Septembre 2015)

+ Le Plan Décennal de Développement du Secteur de l'Éducation, un plan sur 10 ans (Tokpo, Septembre 2015)

+ Cadre général pour le contenu de l'éducation nationale au Benin (Medali, Septembre 2017)

+ Pourquoi devons nous valoriser nos traditions, nous y ressourcer et en être fiers? (Fagbohoun, Avril 2018)

+ L'intelligence artificielle va t-elle bouleverser les modes d'acquisition de la connaissance et d'apprentissage? (Fagbohoun, Avril 2018)

Articles et Essais sur la Gouvernance

+ Programme de gouvernance pour le développement du Bénin (Medali, Juin 2016)

+ Chronique sur la préfecture du littoral (Dimigou, Septembre 2017)

+ Structure et Organisation de l'État béninois (Fagbohoun, Juin 2017)

+ Généralités sur la fraude financière et les arnaques (Medali, Novembre 2017)

Articles et Essais sur l'Énergie et l'Environnement

+ Réflexions sur la vente illicite des produits pétroliers (Dimigou, Septembre 2017)

+ Place du carburant nigérian dans le réservoir socio-économique béninois (Houndjo, Septembre 2017)

+ Note pédagogique sur le pétrole brut (Houndjo, Septembre 2017)

Articles et Essais sur l'Economie et les Technologies

+ Le besoin en transfert de technologies au Bénin (Medali, Octobre 2017)

+ Le protectionnisme, une solution pour les producteurs locaux? (Houngbé, Octobre 2017)

+ Sur la situation en Lybie et la migration clandestine (Medali, Novembre 2017)

+ Pour ou contre la sortie du franc CFA? Les vraies questions que nous devrions nous poser (Tossou, Octobre 2017)

+ Opportunités dans le tourisme religieux (Medali, Avril 2018)

+ L'intelligence artificielle: panacée ou menace? (Fagbohoun, Avril 2018)

+ Les TIC au service du développement (Fagbohoun, Septembre 2017)

Etudes de Cas

+ Introduction sur les études de cas

+ Agriculture et Commerce en Allemagne (Medali, Décembre 2017)

+ Note pédagogique sur la politique et la gouvernance en Allemagne (Fagbohoun, Décembre 2017)

+ Santé et Services sociaux en Allemagne (Dimigou, Décembre 2017)

+ Note pédagogique sur l'économie et les infrastructures en Allemagne (Tossou, Décembre 2017)

+ Note pédagogique sur l'énergie électrique en Allemagne (Houndjo, Décembre 2017)

+ Santé et Services sociaux en Suede (Dimigou, Janvier 2018)

+ Le système sanitaire Suisse (Dimigou, Novembre 2017)

+ Note pédagogique sur la sécurité et la defense en Suisse (Medali, Novembre 2017)

+ La Suisse, un modele de démocratie directe (Fagbohoun, Novembre 2017)

+ Note pédagogique sur l'économie et la finance en Suisse (Tossou, Novembre 2017)

+ Le système éducatif Suisse (Houngbe, Nov. 2017)

+ Note pédagogique sur la production d'énergie électrique en Suisse (Houndjo, Novembre 2017)

Livres publiés par Dallys-Tom Medali

- **1000 African Heroes**

- **30 Years of Painting and Drawing**

- **Belles Poésies de Coeur et de Corps**

- **Coming Back**

- **Essais sur le Bénin**

- **Héros Africains, Cahier de Recherches**

- **L'Evangile Pratique**

- **Le Manuel du Milliardaire**

- **Légendes Inédites d'Afrique**

- **Perles et Pensées**

http://www.dallystom.com

http://www.milliardaire.org

http://www.heroafricain.com

http://www.benindufutur.org